LES
QUESTIONS SENTIMENTALES

EN SOCIOLOGIE

L'AMOUR. LA RELIGIOSITÉ. L'ART

PAR

J. DODY

PARIS

V. GIARD & E. BRIÈRE
Libraires-Éditeurs
16, RUE SOUFFLOT ET 12, RUE TOULLIER

—

1905

LES
QUESTIONS SENTIMENTALES
EN SOCIOLOGIE

L'AMOUR. LA RELIGIOSITÉ. L'ART

LES
QUESTIONS SENTIMENTALES
EN SOCIOLOGIE

L'AMOUR. LA RELIGIOSITÉ. L'ART

PAR

J. DODY

PARIS

V. GIARD & E. BRIÈRE
Libraires-Éditeurs
16, RUE SOUFFLOT ET 12, RUE TOULLIER

1905

AVANT-PROPOS

La sociologie ou science sociale est l'étude des moyens de rendre les citoyens d'une nation heureux, dans leur ensemble, et sans bien entendu que le bonheur des uns nuise à celui des autres.

Le bonheur résulte, pour les hommes, de la satisfaction de leurs besoins, ce terme étant pris dans son acception la plus générale, et s'appliquant par conséquent aussi bien aux besoins physiques ou physiologiques qu'aux besoins moraux ou psychologiques.

Ces derniers comprennent eux-mêmes les besoins intellectuels et les besoins sentimentaux.

Les besoins intellectuels n'ont pas grande

importance finale en sociologie, parce qu'il y a bien peu d'hommes pour qui leur assouvissement représente une satisfaction intrinsèque.

Pour l'immense majorité, la curiosité de l'étude, la recherche de la vérité, la satisfaction en un mot des besoins intellectuels est non pas un but, mais simplement un moyen pour arriver à la satisfaction des besoins physiologiques ou sentimentaux qui, en somme, existent à peu près seuls, socialement parlant.

Les premiers forment l'objet de cette partie de la sociologie, la plus connue, qui se nomme l'économie politique.

Les besoins sentimentaux sont plus mystérieux, moins étudiés peut-être, mais non moins intéressants.

Nous avons réuni dans le présent ouvrage de brèves études sur les trois principaux besoins humains où la sentimentalité joue un rôle, à savoir : l'*amour*, la *religiosité* et l'*art*, bien que les trois ne soient pas de natures absolument symétriques.

L'art seul en effet est, sans discussion possible, d'essence purement sentimentale.

La religiosité est, ou plutôt croit être mêlée d'intellectualité.

Quant à l'amour, il est, lui, fortement entaché de sensualité physiologique.

Chez les peuples primitifs, il est peut-être même purement sensuel, mais la civilisation y a peu à peu ajouté une forte dose de sentimentalité dont il faut bien tenir compte quand on étudie les sociétés actuelles.

On peut dire que de nos jours, si la sentimentalité n'est toujours pas l'essence de l'amour, elle en est tout au moins la splendeur et l'intérêt principal.

De plus, les mêmes règles sociales qui régissent et légalisent l'amour, sont celles qui consacrent l'existence et la nature des liens de famille qui, eux, sont affaire de sentimentalité pure, sans aucun mélange de sensualité.

Pour cette double raison, nous avons cru devoir conserver à l'amour la place qu'on lui assigne généralement parmi les phénomènes sociaux à ressorts sentimentaux.

L'AMOUR

CHAPITRE PREMIER

La question sexuelle mérite par son importance et réclame par sa complexité toute l'attention du sociologue.

Elle est particulièrement importante parce que sur aucun autre point peut-être du champ d'action de la liberté humaine le droit d'un individu ne se heurte aussi directement au droit des autres (les enfants, en l'espèce).

Elle est aussi fort complexe parce que, participant du physique et du moral, du besoin et de la passion, elle constitue une de ces zones mixtes où l'ordre des phénomènes s'entremêle le plus inextricablement avec l'ordre des noumènes, bien plus mystérieux et plus difficile à régir socialement.

Que sont d'abord les sexes ? Y a-t-il des différences essentielles entre l'homme et la femme et si oui, quelles sont ces différences ?

A considérer les espèces animales les plus rapprochées do l'humanité, nous ne trouvons pas entre les sexes de différences sensibles, ni mentales, ni physiques, sauf celles nécessitées par leurs rôles respectifs dans la génération.

Une chienne, une jument n'est ni plus ni moins vigoureuse, ni plus ni moins intelligente qu'un chien ou qu'un cheval.

Il semble donc qu'il a dû en être de même dans l'humanité primitive, et que les différences que nous constatons aujourd'hui entre les sexes ne sont pas essentielles, originelles, mais sont apparues peu à peu et ont progressé par suite de la civilisation.

Dans ce cas, elles doivent logiquement aller encore en s'accentuant dans l'avenir.

Mais, d'autre part, des considérations historiques semblent combattre cette conclusion trop absolue. Chez les peuples anciens, comme encore aujourd'hui chez la plupart des peuples sauvages, il semble qu'au point de vue de ses conditions d'existence, la femme se trouve par rapport à l'homme dans une infériorité plus grande que chez nous.

Pendant longtemps les théologiens ont discuté sur le point de savoir si la femme avait une âme; et qu'on ne se hâte pas de ne voir dans ce souvenir qu'un thème à plaisanterie, car il ne faut pas oublier que ceci se passait à une époque où les hommes les plus intelligents se faisaient théologiens, n'ayant pas comme actuellement mille autres emplois de leur intelligence.

Si nous ne pouvons plus contester aujourd'hui que la femme ait une âme, question qui laissait ces hommes intelligents dans le doute, ce serait donc qu'ils observaient plus d'écart entre les mentalités de l'homme et de la femme à leur époque que nous n'en constatons à la nôtre.

Les différences psychiques entre l'homme et la femme iraient donc d'après cela en diminuant, tout au moins depuis la période historique ?

Peut-être doit-on admettre qu'il y a certaines conditions d'existence, certains modes de civilisation qui tendent à augmenter la différence entre les sexes, et d'autres à la diminuer.

Quoi qu'il en soit, cette impossibilité où nous sommes de dire si cette divergence ira à l'avenir en augmentant ou en diminuant n'est pas sans nous gêner, sociologiquement parlant ; elle nous empêche par exemple de nous prononcer sur le plus ou moins de succès que l'avenir réserve aux revendications de ce qu'on nomme aujourd'hui le féminisme. Et nous devons, dans ce doute, nous contenter d'analyser ce qui différencie l'homme et la femme que nous avons sous les yeux, et d'en tirer les conséquences actuelles, sans trop nous engager pour l'avenir.

La femme actuelle, bien évidemment, se distingue de l'homme par les deux points suivants :

1° Elle est plus sentimentale.

2° Elle est plus pitoyable, plus altruiste.

La femme, comme l'homme, a une âme, c'est-à-dire est, psychiquement, une *liberté* ;

nous ne connaissons pas d'autre définition exacte de l'âme humaine.

Comment fonctionne cette liberté, c'est-à-dire comment se détermine-t-elle à vouloir telle chose plutôt que telle autre, car la fonction de la liberté consiste uniquement à déterminer la volonté?

Elle se détermine à la fois d'après la sensibilité et l'intelligence, c'est-à-dire que dans chaque cas particulier le raisonnement, effet de l'intelligence, examine et contrôle les tendances dues à la sensibilité, et la décision de la volonté intervient à la suite de cet examen.

Eh bien! chez la femme, la tendance sensible ou sentimentale a une part plus grande que chez l'homme dans la préparation de la volonté.

On peut dire que si par exemple dans une volition masculine il entre pour 50 0/0 de sensibilité et 50 0/0 de raisonnement, une volition féminine se composera de 80 0/0 de sensibilité et de 20 0/0 seulement de raisonnement.

Cette différence dans les causes déterminantes de nos volontés et de nos opinions fait que nous accusons parfois les femmes de ténacité et d'autres fois de versatilité, quand nous les comparons à nous-mêmes ; en réalité elles ne sont pas plus portées que les hommes à se déjuger ni à s'entêter, seulement elles s'entêtent ou se déjugent pour des *motifs autres*.

On peut persuader une femme, mais on ne peut guère la convaincre.

Adressez-vous à l'intelligence d'une femme pour lui prouver qu'il faut qu'elle fasse telle chose ; raisonnez-la pendant une heure en lui donnant les arguments les plus irréfutables ; elle vous laissera dire et n'en fera ni plus ni moins.

Ce n'est pas qu'elle ne vous ait pas compris ; elle n'est pas plus bête que vous, seulement elle n'attache pas d'importance aux raisons de l'intelligence ; elle en fait abstraction.

En désespoir de cause, dites-lui simplement : « Tu seras bien gentille si tu fais ce que je demande ».

Raison de sentiment ! ça la connaît, elle le fera aussitôt.

L'adage qui dit : « le cœur a des raisons que

la raison ne connaît pas », semble avoir été fait pour les femmes.

Un des mille exemples de leur incapacité à se conduire logiquement nous est donné par la façon dont elles se comportent quand il s'agit de leur habillement.

Logiquement la question des vêtements est celle-ci : étant données les ressources pécuniaires de chacun, se créer avec ces ressources un jeu de vêtements tel qu'on ne souffre ni du froid ni de la chaleur ; c'est là, n'est-ce pas, le but essentiel du costume.

Un homme avec quelques centaines de francs par an atteint ce but.

Une femme ne l'atteint jamais.

Dépensât-elle des millions pour sa toilette, il y aura toujours par exemple des moments où il gèlera et où elle trouvera qu'elle n'a *rien autre à se mettre* qu'une robe notoirement insuffisante pour la protéger du froid.

Et pourtant la question des toilettes est certes une de celles que les femmes raisonnent le plus ; elles y appliquent tout l'esprit d'analyse dont elles sont capables !

Un autre effet de la prédominance du sentiment chez les femmes est de les rendre intolérantes.

Elles n'admettent pas la contradiction puisqu'elles ne prêtent aucune attention aux raisons de leur adversaire, et, comme tous les êtres sentimentaux, elles conçoivent malaisément chez les autres des sentiments différents des leurs. Bien plus facilement que les hommes elles se laissent aller à souhaiter ou à exécuter des vengeances disproportionnées pour des offenses où il n'y aurait pas de quoi fouetter un chat, et même pour des offenses imaginaires.

En résumé, cette première différence entre les sexes, la prédominance du sentiment chez les femmes, tendrait à les faire notablement inférieures aux hommes. Heureusement qu'il en va à l'inverse pour la seconde différence.

La femme se détermine trop par le sentiment et pas assez par l'intelligence, c'est vrai, mais, par une juste compensation, elle est plus sensible que l'homme au meilleur de tous les sentiments, à l'altruisme, et moins que lui aux plus mauvais.

Si nous reprenons l'analyse quantitative faite précédemment, nous pouvons dire que si dans la volition masculine il y a 50 0/0 de raisonnement, 30 0/0 d'égoïsme et 20 0/0 d'altruisme, dans la volition féminine il y aura 20 0/0 de raisonnement, 30 0/0 d'égoïsme et 50 0/0 d'altruisme.

La femme est impulsive, irréfléchie, mais elle est bonne, meilleure que l'homme certainement.

Et cela sans doute parce que la femme tout entière est, peut-on dire, une maternité.

La maternité, en acte ou en puissance, déclarée ou latente chez la femme, lui donne l'amour des enfants, de tous les enfants, et l'amour des enfants est le plus sûr indice de l'altruisme

Si vous aimez un objet inanimé, c'est uniquement pour le bien que vous en retirez, pour la jouissance matérielle ou artistique qu'il vous procure ; cette affection est toute d'égoïsme.

Si vous aimez un animal ou un être humain adulte, l'égoïsme y entre encore pour une large part ; cet être a pu ou pourra vous rendre des services ; même vos propres enfants, on peut dire que vous espérez dans une certaine mesure que votre affection sera récompensée par eux plus tard.

Mais les enfants des autres, ceux qui ne peuvent vous être d'aucune utilité ni dans le présent ni dans le futur, ceux que vous ne connaissez pas, que vous ne reverrez jamais, si en les croisant dans la rue vous leur souriez, vous avez envie de les embrasser, ceci alors est bien un sentiment désintéressé; c'est que vous portez dans votre poitrine un cœur humain et fraternel, c'est que vous êtes vraiment altruiste.

La femme est ainsi ; toute altruisme, pitié et dévouement, parce que toute maternité et toute amour.

Non pas dévouement pour les collectivités ; la femme, ainsi que l'a fort bien fait remarquer Michelet, comprend peu les idées de patrie et d'humanité ; ceci est une conséquence évidente de son défaut de réflexion.

Elle ne sera pas capable d'imaginer la nécessité d'une loi pour diminuer le nombre de ses concitoyens malheureux, mais elle donnera tout son dévouement pour soulager individuellement les malheureux, les malades, les coupables même; toujours la bonté, et la bonté sans la réflexion qui la gâte en l'expliquant, celle qui est justement la vraie, la rayonnante, l'essentielle bonté.

Je sais bien que ces qualités de dévouement, d'un emploi journalier chez les femmes du peuple, peuvent sembler à première vue un peu atrophiées par le manque d'usage chez les femmes des classes dites dirigeantes. Mais celles-ci ne constituent que l'infime minorité des femmes, et d'ailleurs, même chez elles, la faculté de se dévouer existe encore, à l'état latent, bien plus qu'on ne le croit, comme on l'a vu par exemple pendant le siège de Paris en 1870.

Vienne une occasion, une catastrophe, un malheur public, et dans un même élan de pitié et de charité fraternelle pour les malheureux, on voit, bien plus que chez les hommes, se confondre tous les rangs féminins de la société.

Les différences entre les sexes, telles que nous venons de les définir, sont-elles assez grandes pour justifier des différences légales entre le mode d'emploi des facultés féminines et des facultés masculines, autrement dit, est-il légitime d'interdire à la femme l'exercice de certaines professions et l'usage de certains droits, comme on l'a fait jusqu'à ce jour?

Sous la réserve déjà énoncée plus haut en ce qui concerne l'avenir, réserve imposée par l'ignorance où nous sommes de ce que pourra être l'évolution de mentalité de la femme future, nous pouvons répondre que nous ne voyons pas d'inconvénient à ce qu'on admette en principe les femmes dans toutes les professions privées.

Non pas que nous les croyions aptes à bien les exercer toutes, mais parce que nous sommes toujours partisans de la liberté en ces matières, persuadés qu'en économie politique la liberté se règle automatiquement, et que la sélection se ferait d'une façon naturelle, comme elle se fait d'ailleurs parmi les hommes, finissant par asseoir chacun et chacune dans la profession qui lui convient le mieux.

Les femmes paraissent particulièrement

aptes aux fonctions de ministres des religions.

Le dogme religieux, puisqu'il traite de ce qui est mystérieux, c'est-à-dire inconnaissable par l'intelligence, ne peut en effet faire appel qu'au sentiment, et de son côté la morale religieuse, comme toute morale, présuppose nécessairement la pitié ou altruisme.

La femme, sentimentale et altruiste, est donc toute désignée comme apôtre du dogme et exemple de la morale fraternelle.

L'institution des sœurs de charité, par exemple, rencontre bien peu d'adversaires parmi les gens de bonne foi.

Les prêtres masculins, au contraire, ont soulevé presqu'en tout temps certaines récriminations, parce que, étant hommes, ils sont trop portés à introduire dans la religion le raisonnement qui n'y a que faire ; une preuve en est que les plus discutés ont toujours été les jésuites, ceux-là justement qui se sont efforcés, dans leur théologie et leur casuitisque, d'introduire le plus d'intellectualité et de logique.

Par contre les femmes sont particulièrement impropres au professorat par exemple qui, traitant uniquement de ce qui est connaissable par l'intelligence, demande avant tout de la logique et de la méthode.

Pour les fonctions politiques, l'éligibilité et l'électorat, il n'en va pas tout à fait de même que pour les professions privées.

Alors que le libre exercice des professions privées est un droit de l'être humain, les fonctions politiques, loin d'être un droit, ne sont pour lui qu'un devoir envers l'ensemble de ses concitoyens.

On peut donc sans injustice en priver les femmes, puisque l'injustice n'est jamais que la lésion d'un droit, et nous croyons qu'il y a intérêt à le faire.

Nous avons vu en effet que les femmes savent mal prendre une décision, puisqu'elles font trop abstraction des raisons intellectuelles qui pourraient la dicter ; il ne faut donc pas leur confier de fonctions délibératives, comme celles des magistrats, politiques ou juridiques, ou celles des électeurs.

La reine Marie-Antoinette, l'impératrice Eugénie ont été parfois néfastes, parce que

Louis XVI et Napoléon III leur laissaient parfois prendre elles-mêmes des décisions gouvernementales.

Mais les femmes peuvent par contre être utiles comme voix consultatives, c'est-à-dire comme conseillères d'un homme politique ou d'un électeur, parce qu'avec l'apport de leurs raisons sentimentales et altruistes elles rétablissent un juste équilibre avec l'esprit masculin qui, nous l'avons vu, est sans cela trop intellectuel et surtout trop égoïste ; c'est toujours l'homme qui juge et se détermine, mais au moins peut-il juger en meilleure connaissance de cause.

Cette inspiration de la pitié au juge, par l'intermédiaire de la femme, a même été érigée en dogme par le catholicisme, qui a fait de la vierge Marie l'*avocate* des pécheurs auprès de Dieu.

La plupart des reines qui se sont bornées à ce rôle, ont eu une influence réellement bienfaisante ; c'est ce que Jules Simon a exprimé en disant : « je repousse la domination des femmes ; j'accepte leur influence ».

Il eût même dû dire, à notre avis : « je recherche leur influence ».

Pour terminer ce qui concerne les différences psychiques entre les sexes, mentionnons que cette caractéristique des femmes, qui est d'être sentimentales et altruistes, présente pourtant une exception, unique mais bien curieuse, en ce qui concerne justement les choses de l'amour.

Tolstoï a écrit :

« Les femmes sont toutes plus matérielles (en amour) que les hommes ; nous avons de l'amour une conception grandiose ; elles restent toujours terre à terre ».

Et cela est parfaitement exact ; et pas plus que la sentimentalité on ne retrouve en elles, dans ces circonstances, la bonté dont elles sont coutumières.

Certes une femme peut être prévenante et bonne pour son mari ou son amant ; mais ce n'est pas parce que c'est son mari ou son amant ; elle l'est presque toujours autant, parfois plus, pour ses parents, ses amis, etc.

Un homme au contraire fait plus pour la

femme qu'il aime que pour n'importe quelle autre créature humaine.

En amour, et en amour seulement, un égoïsme singulier apparaît chez la femme ; la plus grande joie de l'homme, c'est d'aimer ; celle de la femme, c'est d'être aimée.

En ces matières, la femme devient calculatrice ; la moindre de ses faveurs est rarement gratuite, et cela même de la part d'une femme dite honnête et envers son mari.

La coquetterie est peut-être le sentiment le plus général de la femme moderne, celui qui persiste le plus chez toutes les classes, à tous les âges et dans toutes les circonstances. Eh bien, la coquetterie, qu'est-ce autre chose que l'art du commerçant étalagiste, la science de mettre en valeur sa propre personne, considérée comme une marchandise.

En fait d'industrie ou de commerce, les femmes n'ont le sens que d'un seul commerce, celui de la galanterie ; mais elles l'ont supérieurement, et à côté d'elles les hommes y sont pitoyables !

Parmi leurs contrefacteurs, ces messieurs

que l'on désigne habituellement d'une appellation empruntée à l'ichtyologie, on aurait vite fait de citer ceux qui parviennent à manger, au prix de quels tiraillements ! à deux ou trois rateliers à la fois, et encore plus ceux qui s'enrichissent à ce métier ; au lieu que des tours de force bien autrement remarquables en ces genres sont accomplis journellement, et comme en se jouant, par des myriades de femmes.

On dit : « c'est parce que les hommes sont plus bêtes ». Non, au sens propre du mot. Mais c'est qu'ils sont, exceptionnellement pour les choses de l'amour, plus sentimentaux que les femmes.

Leurs rôles sont renversés ; en amour, c'est l'homme qui devient persuasible, mais non convaincable. Comme l'immortel Boubouroche, il ne croit pas ce qu'il voit, mais le contraire, pour peu que sa maîtresse le lui affirme.

Un des signes auxquels on reconnaît qu'un homme aime vraiment, c'est quand il en arrive à nier et à dissimuler les défauts de l'objet aimé, non plus seulement aux autres personnes mais à lui-même. Quand il en est là, c'est bien qu'à son tour il fait abstraction de son intelligence pour ne plus écouter que ses sentiments.

Sentiments, disons-nous, et non pas sensations ; c'est plus sentimental, et non plus sensuel, qu'est l'homme en amour ; la femme est au contraire plus sensuelle.

C'est à tort qu'on voudrait déduire le contraire de l'insensibilité réelle montrée souvent par la femme pendant la durée de l'étreinte de l'homme. Cela prouve simplement que chez l'homme il s'écoule moins de temps entre le premier éveil de la sensualité et son assouvissement complet ; mais la sensualité de la femme, si elle est plus progressive, est aussi plus multiple, plus constante, plus ubiquiste.

La sensation de l'acte amoureux est la même pour un homme avec une partenaire laide qu'avec une jolie ; si l'homme préfère néanmoins les jolies femmes, c'est qu'il surexcite et dore la sensation, qui n'est pas une passion, au moyen du sentiment, qui en est une.

Et c'est un fait que l'homme recherche beaucoup plus la beauté chez sa femelle, permanente ou occasionnelle, que la femme ne la recherche chez son mâle.

Une autre preuve qu'à notre époque l'homme est plus sentimental et la femme plus sensuelle nous est donné par ce fait que chez nous les relations anormales entre femmes sont incontestablement plus nombreuses qu'entre hommes.

Et là il n'y a pas d'erreur possible ; ce qu'on peut chercher dans ces sortes de relations, ce n'est jamais que la sensation proprement dite, et en aucune façon le sentiment.

Et la virginité ? Quand on déflore une vierge la sensation n'est pas plus agréable, on peut même dire hardiment qu'elle l'est moins ; mais c'est l'imagination de l'homme qui trotte ; cette jeune fille qui s'est réservée pure pour lui seul, il trouve cela sublime et inestimable.

La femme aussi feint de trouver cela sublime, mais c'est uniquement parce qu'elle sait qu'en l'état actuel de nos mœurs la virginité ajoute à sa valeur marchande ; au fond, elle trouve cela ridicule, et elle l'avoue carrément quand il s'agit de la virginité masculine pour laquelle, bien loin de la trouver inestimable, elle ne donnerait pas un fétu.

Ceci est bien net : la virginité de la femme est réputée avoir une valeur, celle de l'homme non ; or, c'est le sexe inverse, bien évidemment, qui seul a qualité, dans chaque cas, pour établir ces prix courants. Nous avons donc du même coup, sur la question de la virginité, l'opinion des deux sexes : celle de l'homme est hyperboliquement sentimentale, celle de la femme railleusement matérielle. Tout l'homme et toute la femme sont, en amour, dans cette double opinion.

Et la jalousie ! voilà encore une complication que nous avons apportée à l'amour sexuel en y mêlant la passion cérébrale.

Les peuples primitifs ne connaissent guère que la jalousie d'amour-propre, celle qui est une conséquence du sentiment de la propriété. Un sauvage en voudra certainement à celui qui lui prendra sa femme, mais pas plus, ni différemment. qu'à celui qui lui aura volé une vache de son troupeau.

La femme en est encore à peu près là ; une

trahison de son amant irrite surtout son instinct de propriété ; cette irritation est d'un ordre comparable à celle que lui causera une toilette gâtée par sa couturière.

Elle sera exaspérée si son amant la trompe avec telle femme qui est sa rivale pour une cause quelconque, avec telle de ses amies qu'elle déteste particulièrement (ce sont surtout ses amies qu'elle hait) et elle restera relativement indifférente si c'est avec telle autre femme que la trahison a lieu.

Ce n'est pas de l'amant qu'elle est jalouse, c'est de la femme *qui le lui prend*.

On objectera qu'il y a bien des femmes qui, par exemple, vitriolisent leur amant, leur séducteur lui-même, et non pas leur rivale. Oui, mais neuf fois sur dix, la cause en est que ce séducteur les abandonne après les avoir rendues mères.

La même femme qui, dans ce cas, vitriolise son amant, *ne le ferait pas* si elle n'était pas devenue enceinte, ou s'il ne lui avait pas promis le mariage.

Ce qu'elle défend, c'est sa réputation perdue

par la grossesse : ce qu'elle réclame, c'est la situation promise avec le mariage ; c'est un capital, c'est un bien dont on l'a frustrée ; c'est l'instinct de la propriété qui parle en elle ; c'est la jalousie d'amour-propre, et non la jalousie d'amour.

L'homme au contraire est vraiment jaloux d'amour, jaloux de sa maîtresse elle-même, de toute l'âme et de tout le corps de sa maîtresse.

Un sourire d'elle adressé à un autre, s'il a des raisons de l'interpréter comme une avance voulue, l'exaspérera davantage que l'acte génésique entièrement accompli, s'il a la certitude que sa maîtresse, prise de force, n'y a absolument pas consenti ; dans ce dernier cas seulement sa colère irait surtout à son rival.

Dans tout autre cas, c'est à elle, c'est à la maîtresse *qui se donne*, et non à l'homme *qui la prend*, que vont ses fureurs jalouses.

Certes, c'est parfois l'homme qu'il frappe, en vertu de ce sentiment atavique dit chevaleresque ; mais, même s'il frappe l'homme et s'il épargne la femme, c'est cette dernière qui excite le paroxysme de sa haine, de cette haine spéciale qui alterne ou se superpose avec un paroxysme d'amour, à tel point que le jaloux ne peut dire lui-même si à la minute qui va suivre il aura tué ou pardonné.

Une autre preuve de ce que la civilisation a ajouté de sentimentalité aux choses de l'amour chez l'homme, et chez l'homme seulement, c'est la façon dont les hommes, qui dirigent les mœurs et édictent, à l'exclusion des femmes, les lois d'une société, ont décidé que devait se faire chez nous l'éducation de la jeune fille.

Nous la confinons, laborieusement sinon toujours efficacement, dans une ignorance voulue des matérialités de l'amour, parce que nous l'estimons trop portée naturellement à se contenter de ces matérialités, et nous voudrions, par l'attrait du mystère, magnifier à ses yeux, comme il l'est aux nôtres, cet amour auquel nous avons donné une place peut-être démesurée dans notre vie sentimentale et passionnelle.

Seulement voilà ; avec cet esprit terre-à-terre si justement constaté chez elle par le vieux Tolstoï, la femme, enfin éclairée et regardant l'amour avec ses propres yeux, n'y trouve pas du tout ce que nous y trouvons, nous, et ce que nous voudrions qu'elle y trouvât, et notre système d'éducation par suggestion mystérieuse aboutit le plus souvent chez elle au : « ce n'est que cela ! » sceptique et désenchanté des lendemains de nuits de noces, légitimes ou autres.

En outre de l'éducation, la littérature, elle aussi, s'efforce chez nous de rendre les femmes sentimentales.

Dans certains pays étrangers, il y a beaucoup de femmes qui écrivent ; en France, à d'autres époques, il y en a eu aussi pas mal, mais actuellement nous en possédons très peu.

Cela tient sans doute à ce qu'aujourd'hui la mode est aux livres sentimentalement amoureux ou libertins.

Les femmes ne sont pas sentimentalement amoureuses et, bien que fort libertines dans le fond, elles gardent (tout au moins celles qui sont instruites et capables d'écrire) de l'éducation sournoise que nous leur imposons, une inaptitude relative à être dévergondées dans leur style.

Ce sont donc les auteurs masculins qui chez nous tiennent la corde de beaucoup, et ils en profitent pour redoubler leurs efforts afin de hausser leurs lectrices, en amour, à leur niveau sentimental.

Ils s'y emploient avec un acharnement en quelque sorte impatient ; ce ne sont qu'amplifications formidables sur les questions amoureuses ; volumes de 400 pages roulant en entier sur quelques douzaines de coïts, à faire croire que quand un homme et une femme se décident à coucher ensemble, c'est tout un monde moral qu'ils remuent. C'est bien juste si on ne dit pas toujours (et on le dit quelquefois) que le monde matériel, que la lune et les étoiles elles-mêmes s'y intéressent !

Tout ceci est un danger, ne nous y trompons pas. L'ivresse cérébrale amoureuse est, comme l'ivresse alcoolique, délicieuse pour l'individu, mortelle pour la race ; prenons garde que cela ne devienne une des causes de dégénérescence de notre nation.

Je crois que les femmes, en estimant que l'amour se réduit à un rôle plus strictement physiologique, sont mieux inspirées que nous.

On connaît la définition célèbre d'une pièce de canon : un trou avec beaucoup de bronze autour.

De même pour nous, Français du XXe siècle, la femme est un trou avec beaucoup, avec trop d'illusions autour.

Zola a vu juste en ces matières et a donné à l'amour sexuel, dans la plupart de ses ouvrages, la vraie importance proportionnelle qu'il occupe dans la vie, sans l'amoindrir comme beaucoup de ses devanciers, ni l'enfler outre mesure comme la plupart de ses contemporains.

Lisez *Fécondité* par exemple ; à côté des pages amères, sinon découragées, lisez les belles pages excelses de ce livre, vous y respirerez un air autrement sain, normal et humain que dans tout ce fatras prétendûment psychologique.

Car cela s'appelle aujourd'hui de la psychologie !

Jusqu'à Balzac inclus, ce terme, en littérature comme en philosophie, s'entendait de l'étude de l'âme humaine, de toute l'âme humaine avec ses facultés, ses fonctions multiples et complexes.

Aujourd'hui est dénommé psychologue celui qui dissèque infatigablement une seule de ces fonctions, hypertrophiée jusqu'à la monstruosité aux dépens des autres pour les besoins de la cause : l'amour, encore l'amour et toujours l'amour.

Et encore pas même tout l'amour, mais celui seulement qui fleurit dans une certaine classe sociale.

C'est comme si un comptable, qui sait très bien faire une seule opération arithmétique, toujours la même, l'addition par exemple, s'intitulait mathématicien !

L'homme aime, c'est incontestable ; loin de nous la pensée de nier ce sentiment ou d'en contester la légitimité, ainsi qu'on le verra du reste plus loin ; mais aussi l'homme hait, souffre, jouit, travaille, mange, s'occupe de sa profession et de sa famille, s'intéresse à l'art, à la science, à la politique, etc.

La vie sociale, comme la vie individuelle, est une harmonie, et, comme toute harmonie, elle est fondée sur la loi du nombre des vibrations qui constituent chaque note respective.

Il lui faut le juste équilibre des sensations et des sentiments d'une part, des sensations entre elles et des sentiments entre eux d'autre part.

La folie, chez un individu, n'est jamais autre chose que la rupture de cet équilibre ; comment pense-t-on qu'il faille l'appeler chez un peuple ?

Ah ! ce deviendrait une singulière nation que la nôtre, faite à l'image d'une certaine littérature, où hommes et femmes, sitôt atteint l'âge de la puberté, qui devrait être celui de l'action, s'immobiliseraient dans l'obsession du seul sentiment de l'amour, d'un amour auto-contemplatif et morbide.

Ah ! ils auraient beau jeu les autres peuples, les peuples sains et agissants, à venir, comme Mahomet II au seuil de la mièvre basilique byzantine, frapper du pommeau de l'épée à la porte du gynécée, érigé prétendûment en temple par nos ferveurs, en réalité ravalé en hôpital par nos névroses, et en briser les vitres pour noyer dans des flots d'air extérieur et vital les arômes mystiques des cassolettes agitées continuellement devant l'Idole par nos bras débiles, devenus impropres à tout autre geste !

Quand l'âme des foules ne s'émeut plus aux harmonies de la nature, ni aux fièvres de la liberté ; quand elle ne s'intéresse plus au poème intense et bariolé de la vie multiple et grouillante ; quand de tout le lyrisme des poètes, quand de toute l'imagination des romanciers, quand de la littérature entière et de tout l'art d'un peuple ne s'élève plus qu'un chant d'amour, la vie sociale de ce peuple est comme un orchestre où l'on n'entendrait plus qu'un seul instrument, le hautbois par exemple, suave certes, mais doucereux et frêle.

Que penseriez-vous d'un chef d'orchestre qui, ayant une prédilection particulière pour le hautbois, ne tolérerait pas qu'aucun autre instrument élevât la voix sous sa direction ?

Que diriez-vous d'un prétendu compositeur qui écrirait la partition d'un opéra dans cet esprit d'exclusivité.

Certes il est permis à un homme de n'aimer personnellement que le hautbois ; mais, quand cet homme devient chef d'orchestre ou compositeur, alors non, cela ne lui est plus permis.

De même pour les gouvernants, qui sont les chefs d'orchestre de la société, et pour les écrivains, qui sont vraiment les compositeurs de la partition qu'exécute le concert social.

Quelle que soit leur préférence personnelle pour telle ou telle corde de l'instrument humain, ils n'ont pas le droit, les premiers de la tolérer, les seconds de l'imposer au point que ce monocordisme devienne la négation de l'harmonie.

CHAPITRE II

RAPPORTS LÉGAUX DES SEXES

Les lois d'une société sont destinées à réglementer ce qu'on pourrait appeler l'excès des droits individuels, c'est-à-dire ceux de ces droits qui, s'ils étaient exercés librement par un homme, deviendraient nuisibles pour ses concitoyens, et empêcheraient par conséquent la société d'atteindre son but, qui est de rendre l'*ensemble* des citoyens plus heureux que s'ils étaient restés à l'état sauvage.

D'après cette définition, les rapports des sexes doivent-ils être réglementés par les lois ?

Evidemment oui en principe, car la liberté individuelle exercée sans frein en matière de relations génésiques, risquerait de léser souvent les droits des enfants issus de ces relations, qui sont aussi des citoyens.

C'est la seule raison en faveur de l'intervention de la loi dans les questions sexuelles, mais elle est excellente.

Il n'en est pas de même, par exemple, de cette autre raison, prétendûment tirée de la justice, d'après laquelle il serait aussi injuste de prendre à un homme sa femme que de lui prendre son argent ou son champ.

Car puisqu'on reconnaît aujourd'hui qu'une femme a tout comme un homme son libre arbitre, bien que l'exerçant un peu différemment, elle ne peut pas valablement être *possédée* par lui au même titre qu'un champ ou de l'argent.

Dire qu'on possède ou qu'on a possédé une femme, c'est de la pure phraséologie.

Une femme étant libre a le droit de *choisir* son propriétaire ; ayant le droit de le choisir, elle a forcément celui d'en *changer*, ce qui revient à avoir le droit de n'avoir pas de propriétaire du tout.

La législation touchant les phénomènes de la

génération peut se faire en un seul article, ainsi conçu :

« Tout enfant, depuis sa naissance jusqu'à son âge adulte, est élevé par les soins et aux frais de l'Etat ».

Avec une telle disposition, les hommes et les femmes peuvent librement régler leurs relations comme ils l'entendent ; la loi n'a plus besoin de s'en occuper ; elle aurait même tort de le faire, comme cela arrive d'ailleurs chaque fois qu'elle intervient inutilement ; *Inutilité* et *Nocuité* sont deux termes absolument synonimes quand il s'agit des lois.

A défaut de cet article unique, relatif aux enfants, il en faut d'autres, plus ou moins complexes suivant les cas, réglant alors la situation des parents.

Cela dépend, comme toutes les lois d'ailleurs, de l'état des mœurs et de la civilisation, de l'époque et de la race.

En somme, il peut y avoir dans les sociétés quatre types de rapports légaux entre les hommes et les femmes.

1° La polygamie ;

2° La monogamie ;

3° L'union libre ;

4° La communauté.

Les deux premiers régimes s'accommodant de l'élevage des enfants par leurs parents respectifs, les deux derniers nécessitant leur élevage par l'Etat.

Polygamie. — La polygamie peut elle-même se diviser en *polyandrie*, régime où il y a plusieurs maris pour une femme, et *polygynie*, quand il y a plusieurs femmes pour un mari.

La polyandrie présente deux graves inconvénients.

C'est d'abord de tous les systèmes le moins prolifique, puisque pendant chaque grossesse de la femme commune, plusieurs hommes sont annihilés en tant que reproducteurs.

De plus la polyandrie paraît peu viable, parce que, à cause de la différence psychologique que nous avons indiquée au chapitre premier entre la jalousie féminine et la jalousie masculine, elle offre une difficulté spéciale que ne présente pas la polygynie et qui est la suivante :

Dans un sérail de femmes, celles-ci sont jalouses les unes des autres. Cette jalousie se traduira par des perfidies, des intrigues pour se supplanter, etc. Admettons à la limite qu'une femme dédaignée en vienne à tuer la favorite ; elle ne peut pas faire pis, n'est-ce pas ?

Eh bien, faute d'un moine l'abbaye ne chôme pas, ni la polygynie faute d'une femme dans le sérail.

Mais dans un sérail d'hommes, chacun d'eux, en vertu du caractère masculin, serait jaloux non plus tant de ses compagnons que de la femme commune elle-même, et si l'un d'eux arrive à la tuer, voilà la polyandrie désorganisée.

Pour ces raisons, la polyandrie n'apparaît pas comme un régime bien pratique rationnellement.

Historiquement non plus.

Il y a une quarantaine d'années au Paraguay, après la longue guerre contre le Brésil et l'Argentine qui détruisit les deux tiers de la population mâle paraguayenne, on dit que la polyandrie fut en usage pendant quelque temps. Nous n'avons pas pu d'ailleurs vérifier le fait bien exactement, non plus qu'aucun des exemples historiques plus anciens.

Quoi qu'il en soit, la polyandrie n'a jamais été et ne paraît pas devoir jamais être très employée dans les circonstances normales de la vie des nations.

Il n'en est pas de même de la polygynie. Brigham Yung, saint, prophète et pape des Mormons, qui sont polygynes comme chacun sait, prétendait même que la monogamie n'aurait jamais été connue sur la terre sans l'incident de l'enlèvement des Sabines par les Romains, totalement dépourvus de femmes jusque-là.

C'est parce que, même avec ces Sabines, il n'y avait pas à Rome des femmes de reste, paraîtrait-il, que les Romains furent obligés de décréter la monogamie, complètement inconnue jusque-là sur la terre, et qui aurait continué à l'être si les Romains, habitués à ce régime et devenus conquérants, ne l'avaient imposé plus tard aux peuples soumis par eux.

Le saint homme, pour les besoins de sa cause, allait peut-être un peu loin dans ses affirmations, mais il n'en reste pas moins vrai que la polygynie a été de tout temps assez usitée parmi les peuples, et qu'elle mérite de l'être dans certains cas.

Son avantage est qu'elle est le système le plus favorable à la sélection.

On appelle sélection la reproduction d'une race seulement ou surtout par ses meilleurs sujets, le mâle étant d'ailleurs reconnu meilleur agent sélecteur que la femelle.

La sélection a pour effet d'exagérer de génération en génération soit les qualités, soit les tares propres à la race. Cette méthode est donc indiquée pour les races saines, qui présentent peu ou pas de tares, alors que pour les races moins saines la méthode qui s'impose est celle du croisement, qui, au contraire, de génération en génération, diffuse et amoindrit les tares comme les qualités.

La polygynie est donc salutaire pour les races

jeunes, saines et vivaces, parce que, ces peuples ne connaissant pas encore en général ce byzantinisme de mœurs et de lois qui excuse et favorise les vicieux et les filous, il s'ensuit que chez eux ce sont vraiment les plus forts, les plus intelligents, les plus méritants qui deviennent riches et qui, par conséquent, avec la polygynie, accaparent la majorité des femmes et servent presqu'uniquement à perpétuer la race.

La pratique de la polygynie exige évidemment, et c'est une autre raison qui en confine l'emploi chez les peuples jeunes, que l'usage des fonctions sexuelles n'ait pas été sentimentalisé, cérébralisé outre mesure par l'imagination des hommes. Le maître d'un harem doit être plutôt un engrosseur qu'un poète ; s'il devient trop poète, il n'aime plus toutes ses femmes ; il idéalise une favorite et néglige les autres.

La polygynie n'est pas non plus très équitable ni très-libérale. Les femmes qui sont dans les harems n'ont pas la liberté de choisir l'homme qu'elles préfèrent ; les hommes pauvres pour qui il ne reste pas de femmes n'ont la liberté de rien choisir du tout.

Aussi la polygynie, presqu'inséparable de l'esclavage avec lequel elle a plus d'un point commun, doit-elle être abandonnée quand le peuple, en devenant adulte et civilisé, se sent devenu plus chatouilleux sur la liberté individuelle.

On doit l'abandonner pour une autre raison encore, c'est qu'il y a un moment dans l'évolution de chaque nation où la polygynie n'est plus assez prolifique.

Elle peut être prolifique au début, quand, la nation étant encore peu civilisée, chaque possesseur de harem ne s'embarrasse pas dans ces scrupules sentimentaux produits par la civilisation, ni dans ces calculs d'économie résultant de l'habitude et du besoin du bien-être, et utilise pleinement, au point de vue de la reproduction, toutes les femmes dont il a la charge.

— Elle l'est encore tant que la nation, vivace et conquérante, peut recruter chez des peuples vassaux le nombre de femmes nécessaire pour que tous les hommes de la nation suzeraine soient à peu près pourvus.

Mais quand cette ressource manque, quand la polygynie en est réduite à fonctionner avec les seules ressources sexuelles d'une nation déjà civilisée, elle devient évidemment moins favorable à la natalité que la monogamie, où aucune de ces ressources, ni masculine, ni féminine, n'est perdue pour la reproduction.

Monogamie. — Sur la monogamie, régime-type des relations légales entre les sexes dans une nation adulte et civilisée, il n'y a pas grand'chose de nouveau à dire, car nous en connaissons tous par expérience ou *de visu* les avantages et les inconvénients.

Faisons observer que son grand, son principal avantage est de permettre l'influence de la femme sur l'homme *en dehors* de l'amour.

Avec les autres systèmes, quand un homme est lassé de l'amour d'une femme, il en cherche une autre qui puisse lui inspirer de nouveau un attachement charnel, soit dans son propre harem qu'il augmente au besoin, si règne la polygamie, soit dans le vaste harem qu'est pour lui l'ensemble de ses concitoyennes, si c'est l'union libre qui fonctionne dans son pays.

D'une façon comme de l'autre, il n'a jamais commerce d'intimité qu'avec des femmes qu'il aime d'amour, qui le dominent par les sens, et nous avons vu dans le premier chapitre que dans ce cas l'influence de la femme sur l'homme est le plus souvent pernicieuse, parce qu'en amour on dirait que la femme et l'homme permutent leurs natures : la femme devient astucieuse et égoïste, et l'homme devient idiot.

Quand un homme amoureux décide les actes importants de sa conduite d'après les suggestions de la femme qu'il aime, il est rare qu'il ne fasse pas des sottises ; voyez les maîtresses des rois : il en est peu dont l'influence n'ait été plutôt néfaste, au rebours de celle de bien des reines.

Avec la monogamie, c'est-à-dire le mariage indissoluble, en dehors des périodes d'amour physique et après ces périodes, la majeure partie de l'existence conjugale s'écoule dans une intimité purement amicale qui amène la conflance des conjoints et leur influence l'un sur l'autre.

Or cette influence, cette pénétration réciproque des caractères de l'homme et de la femme ne peut avoir que des résultats excellents, lorsque ces caractères, affranchis des aveuglements passagers de la passion charnelle, sont rendus à eux-mêmes, c'est-à-dire faits de sensibilité et de bonté pour la femme et d'intellectualité pour l'homme.

De même qu'il faut la pénétration intime et la collaboration du corps de l'homme et du corps de la femme pour créer un nouveau corps humain, il faut aussi la pénétration et la coopération de leurs deux âmes, diverses et sexualisées elles aussi, pour créer vraiment une âme *humaine* dans sa plus haute expression.

Cela est si vrai que chez les gens mariés, vivant ensemble en bonne intelligence et formant par conséquent à eux deux ce type bicéphale d'âme humaine supérieure, les statistiques démontrent une criminalité très faible (si l'on supprime les crimes de l'alcoolisme, dont l'influence est en partie indépendante de l'état de mariage ou de célibat) alors qu'au contraire la criminalité est supérieure à la moyenne dans les faux ménages, où l'influence de l'amour se fait sentir d'une façon plus constante et plus prépondérante.

Avec la monogamie, ce ne sont plus, comme sous le régime polygame, les riches seuls qui ont à élever des enfants, tous les citoyens ou presque tous doivent se sentir le courage moral de fonder une famille, sans autre ressource le plus souvent que leur propre travail ; il faut évidemment pour cela que la moralité, que l'altruisme soient très répandus dans la nation.

Nous avons vu plus haut que la monogamie remplace la polygamie quand chaque citoyen devient conscient de ses droits ; elle se différencie à la fois de la polygamie et de l'union libre en ce qu'il faut que chacun y soit aussi conscient de ses devoirs envers la race, la patrie et l'humanité.

Déjà conscients de leurs droits, encore conscients de leurs devoirs, c'est ce que doivent être les citoyens d'une nation arrivée à son plein épanouissement ; la monogamie est donc bien le régime caractéristique de la civilisation adulte et normale.

Quand l'égoïsme individuel s'accroît au point qu'une partie importante des parents rejettent les charges de la paternité, la monogamie n'est plus assez prolifique pour perpétuer la race, et la nation est mûre pour l'établissement de l'union libre, avec élevage des enfants aux frais de l'Etat.

Théoriquement, on pourrait élever les enfants aux frais de l'Etat tout en maintenant le mariage indissoluble ; c'est vers cet ordre d'idées qu'on se dirige en France avec l'école gratuite, les cantines scolaires, etc. Mais si avec cela on a l'intention de laisser subsister le mariage, on aboutira, croyons-nous, à un régime des plus irrationnels.

Le mariage en effet n'ayant absolument pas d'autre raison d'être que de garantir l'élevage des enfants par la famille, de sauvegarder les droits de ces enfants quand, légalement, ils sont à la charge de leurs parents, maintenir l'institution conjugale quand il n'en est plus ainsi serait inutile et deviendrait vexatoire pour des gens qui, s'ils sont trop égoïstes pour élever leurs enfants, le sont probablement trop également pour vouloir continuer à s'embarrasser d'un conjoint vieux, impotent, ou simplement ayant cessé de plaire.

La suppression des charges individuelles de la famille entraîne bien évidemment la nécessité pour l'Etat de prendre soin aussi des vieillards et des invalides; on ne peut exiger d'un enfant qui n'a pas été élevé par ses parents qu'il leur vienne en aide quand ils sont âgés ou infirmes. La vieillesse est une seconde enfance tout à fait symétrique de la première; le régime de l'une et de l'autre doit être le même, soit familial, soit étatiste.

Pas plus logique que la monogamie avec les enfants à l'Etat ne serait le maintien de la puissance et des charges paternelles avec l'union libre.

Sous ce dernier régime la recherche de la paternité, même permise, serait illusoire et inextricable. Sur cent enfants, il y en aurait peut-être dix à la charge de leurs parents, et quatre-vingt-dix que l'Etat serait bien obligé de nourrir par force, n'ayant pas trouvé leurs auteurs responsables.

Autant adopter tout de suite le régime, plus équitable après tout, de l'élevage de tous les enfants par l'Etat.

Union libre. — L'union libre est, théoriquement, le système le plus prolifique de tous puisque, pendant la grossesse de la femme, l'homme peut convoler ailleurs et n'est plus inutilisé pour la reproduction.

On peut néanmoins avoir des doutes sur ce qu'il en serait en pratique sur ce point.

D'abord, quand les esprits en sont arrivés à ce degré d'égoïsme qui nécessite l'union libre, il peut se faire que la femme se refuse à la maternité.

La charge pécuniaire de l'élevage des enfants retombe, il est vrai, surtout sur le père dans une société civilisée. Supprimez-la, l'homme bien évidemment sera tout d'abord disposé à procréer à tort et à travers ; mais la femme n'y aura rien gagné puisqu'elle gardera les souffrances de l'enfantement.

Actuellement, ce qui lui fait accepter ces souffrances, c'est la joie, promise à son instinct maternel, de choyer, d'aimer, de voir grandir son enfant.

Enlevez-lui cette joie en donnant cet enfant à l'Etat ; atrophiez à la longue, par le manque d'exercice, cet instinct maternel, et vous pouvez être persuadés que le commerce des préservatifs infaillibles et l'industrie des avortements, qui sont déjà assez florissants, connaîtront une ère de prospérité encore insoupçonnée.

Et puis, quand il faudra que l'Etat entretienne les enfants, les infirmes et les vieillards, pense-t-on que cela coûtera moins cher à la nation, au total, qu'avec le système des charges familiales individuelles ?

Vraisemblablement au contraire cela coûtera plus cher car il y aura, en plus, les rouages de l'administration.

Pour ces raisons, il peut bien se faire que, non plus seulement les femmes, mais les hommes eux-mêmes, lassés par l'augmentation de l'impôt, ne soient plus si disposés que cela aux coïts procréateurs.

Tout cela, il est vrai, n'est qu'hypothétique ; on ne peut pas raisonner autrement en ce qui concerne l'union libre, car on n'a pas encore vu d'exemple historique bien net d'une nation, ayant accompli en entier le cycle de sa civilisation ascendante et descendante, c'est-à-dire de l'altruisme croissant puis décroissant chez ses citoyens, revenue à l'union libre d'où sont parties les peuplades sauvages.

Dans le passé, les pays décadents ont toujours été conquis et submergés par des peuples nouveaux avant d'en arriver, en tant que nations indépendantes, à cet état de décrépitude.

Il n'en sera peut-être pas toujours de même à l'avenir, étant donnés l'adoucissement des mœurs et cette paresse à la guerre que même les peuples forts éprouvent à la suite du perfectionnement des armements qui diminue leur supériorité sur les peuples usés et décrépits.

Peut-être verra-t-on un jour l'union libre régner quelque part comme régime légal ; nous disons peut-être, et non pas sûrement, l'avenir seul permettra de répondre à cette question.

Communauté. — Le quatrième régime, encore non expérimenté, comme le troisième, en nation civilisée, est celui que demandent certains collectivistes.

Théoriquement c'est d'ailleurs la partie la plus acceptable des revendications collectivistes.

Alors que la communauté des biens doit, pensons-nous, être rejetée *a priori* comme contraire à la liberté humaine qui a pour conséquence directe et primordiale le droit de propriété, il n'en est pas de même de la communauté des femmes, puisque celles-ci, étant douées de leur libre-arbitre, ne sont pas *appropriables* au même titre que les objets inanimés, ainsi que nous l'avons fait observer déjà.

Mais il faudrait voir comment cette communauté serait réalisée en pratique, et cela, les collectivistes ne nous le disent pas très clairement, peut-être parce qu'ils ne le savent pas eux-mêmes.

Cette communauté serait-elle le régime de l'union libre poussé en quelque sorte à sa limite extrême de fractionnement, c'est-à-dire le contrat tacite mutuel qui réunit les conjoints, résiliable à leur gré après chaque accouplement par exemple ?

S'il en était ainsi, comme chez les animaux et chez certains sauvages très primitifs, rien à dire encore théoriquement.

Mais il n'y a guère lieu d'espérer que ce soit ce régime d'extrême liberté que nous réserve le collectivisme, qui est forcé au contraire, par ses principes mêmes, de soumettre tous les faits et gestes des citoyens à la réglementation la plus minutieuse.

Avec le régime de la liberté, il y aurait de trop jolies femmes qui seraient littéralement sur leurs boulets et les disgraciées, par contre, resteraient relativement en friche ; les hommes, de leur côté, arriveraient plus ou moins bien à leurs fins, non plus suivant leurs richesses puisque la propriété serait abolie, mais suivant leurs dons naturels, leur ingéniosité, leur initiative individuelle.

Cette inégalité dans la répartition des faveurs amoureuses existe certes actuellement, mais nous laissons les choses s'arranger tout simplement suivant la loi de l'offre et de la demande.

Les collectivistes, eux, n'acceptent pas cette loi de force majeure et se donnent pour mission de la remplacer, administrativement, par la loi de la répartition équitable suivant les besoins de chacun ; ils ne peuvent admettre que la beauté d'une femme soit favorisée, ni l'initiative individuelle d'un homme ; c'est ainsi qu'ils remplacent dans toutes les industries le travail à la tâche, favorable à l'initiative individuelle, par le travail à l'heure. Ceci est une des premières revendications du collectivisme.

Alors, pour rester dans la logique, il est probable que l'amour se fera aussi à l'heure chez les collectivistes, sur la vue de bons de jouissance qui seront délivrés par l'autorité, absolument comme celle-ci délivrera des bons de jouissance pour les théâtres, les promenade en automobile, etc., et des bons de consommation pour les pommes de terre, la moutarde, etc.

Inutile d'ajouter que ces bons seront établis à la suite de calculs statistiques très complets faits par des administrateurs très habiles, très zélés, très probes et aussi très nombreux, vu l'immensité de leur tâche, et bien que ce dernier adjectif semble légèrement contradictoire avec les précédents ; mais il est aussi indispensable.

Ces bons seront ensuite distribués avec la plus grande équité, pour que personne ne soit sacrifié.

Et alors, de toute cette justice distributive, il résultera des scènes comme la suivante :

M. X..., heureux possesseur d'un bon de jouissance sur la ravissante Mme Y..., vient de tirer dudit bon tout ce qu'il comporte et en savoure délicieusement l'arrière-goût, lorsque tout à coup Mme Y... s'écrie :

« Que c'est ennuyeux, mon chéri ! je suis « désolée de te quitter, mais Z... a justement « un bon de jouissance sur moi aujourd'hui ».

Dans l'état actuel de la société la même pensée viendra peut-être à l'esprit de la ravissante Mme Y..., mais elle ne la dira pas à M. X... car elle n'y sera pas forcée, vu que la promesse à M. Z... n'aura jamais été faite que de son autorité privée et ne sera réalisable qu'au gré des circonstances ; tout se passera fort bien en douceur.

Mais avec le système collectiviste, M. Z... muni d'un bon en due forme émanant des autorités publiques, va venir à heure fixe pour en réclamer le paiement ; impossible donc de cacher la chose à M. X...

Que fera celui-ci ?

Les collectivistes ne peuvent pas prétendre que le sentiment de la jalousie, développé comme il l'est chez nous par l'atavisme au cours de tant de siècles de culture sentimentale de l'amour, va disparaître comme cela du cœur humain, uniquement pour leur faire plaisir.

M. X... sera peut-être jaloux et, oubliant qu'il vit sous le régime collectiviste, il va peut-être dire à la ravissante Mme Y... : « je te défends absolument d'aller avec ce cochon de Z...» ou quelque chose d'approchant.

Avec l'illogisme particulier aux hommes amoureux il s'en prendra à la malheureuse Mme Y... qui n'en peut mais ; il la battra peut-être, il barricadera la porte.

M. Z..., possesseur du bon de jouissance imminent, devra requérir la police, comme ce sera son droit, et fera condamner M. X.... son pré-décesseur récalcitrant, pour... ma foi je ne sais pas comment ce délit s'appellera, mais il faudra lui trouver un nom, et aussi une sanction.

Il y a des collectivistes qui prétendent que sous le régime de leurs vœux, il n'y aurait plus besoin de police, je crois au contraire que, rien que pour réprimer ce nouveau genre de délit, il en faudra une bien plus considérable qu'à présent.

On ne peut pas comparer en effet ce délit, comme fréquence, avec l'adultère actuel. Actuellement il faut compter au grand maximum (et j'espère que je suis large) un adultère par mariage, c'est-à-dire que les commissaires de police se dérangent une fois dans leur vie pour chacun des ménages de leurs concitoyens.

Essayez un peu, en effet, pour voir, d'aller chercher le commissaire pour la deuxième ou troisième fois en quinze jours, toujours à seule fin de surprendre madame votre épouse en flagrant délit.

Il refusera vraisemblablement d'obtempérer à votre requête et vous dira, non sans raison

« Mon cher monsieur, de deux choses l'une :
« ou quittez votre femme, et pour cela un pre-
« mier constat suffit, ou, si vous ne pouvez
« vous résoudre à la quitter, habituez-vous à
« ses façons d'agir ».

Mais avec les bons de jouissance du collectivisme, les maris de Mme Y... ne pourront pas
s'habituer à leur éviction périodique, puisque
chaque jour c'en sera un nouveau, et chacun
d'eux sera dans son droit strict en venant à son
tour déranger le commissaire.

On objectera que tout ceci est de la fantaisie,
et qu'on trouvera peut-être un moyen d'arranger
mieux les choses. C'est possible après tout, bien
que nous n'apercevions pas nous-mêmes ce
moyen ; nous laissons aux docteurs du collectivisme le soin de le chercher.

Nous avons, dans notre classification des régimes sexuels légaux, fait figurer la communauté des femmes, revendiquée par ces messieurs ; c'est déjà joli, et c'est tout ce que nous
pouvons faire pour eux.

Il vient d'être démontré par tout ce qui précède que, si les circonstances permettent à un

peuple d'accomplir en entier le cycle de sa civilisation, il peut être appelé à passer de la polygamie à la monogamie, puis, beaucoup plus tard, de la monogamie à l'union libre.

Comment se feront ces transitions ?

Pour la première, celle de la polygamie à la monogamie, il n'y a relativement que peu de difficultés.

D'abord la nécessité de ce changement se présente à une période de la vie nationale où le peuple est encore assez malléable, et puis il ne s'agit, somme toute, que de changer les dispositions légales qui régissent les rapports des sexes ; ce qu'une loi a fait, une autre loi peut le défaire sans inconvénient si elle vient à son heure, c'est-à-dire si elle suit l'évolution des mœurs.

La disparition de la polygamie ne paraît pas présenter plus de difficulté que celle de l'esclavage, avec lequel elle a beaucoup d'analogie ; or l'esclavage, dans bien des cas, a pu être supprimé du jour au lendemain par simple décret, sans secousses et sans bouleversement.

L'exemple de la guerre de Sécession d'Amérique ne contredit pas ce que nous avançons ici. A cette époque, chacun des Etats de l'Union américaine avait déjà résolu sans difficulté en ce qui le concernait, la question de l'esclavage, les uns dans un sens, les autres dans l'autre. Le *casus belli* fut seulement de savoir si les Etats qui conservaient l'esclavage et ceux qui l'avaient aboli devaient continuer à faire partie d'une même nation, ce qui est bien différent.

Quand l'histoire nous a montré des troubles subséquents à l'abolition de l'esclavage, ces troubles ont toujours été dus, non à la brusquerie de cette abolition elle-même, mais à la brusquerie avec laquelle les droits politiques avaient été concédés aux nouveaux affranchis.

Rien de pareil à craindre pour l'abolition de la polygamie, qui n'entraîne pas du tout l'octroi aux femmes des droits politiques.

Bien plus délicat et plus complexe est, par contre, le passage de la monogamie à l'union libre. Là, on sort d'un régime où les rapports conjugaux, les droits paternels, etc., étaient réglés par les lois, et on entre dans un autre où toute cette législation, devenue inutile, est supprimée pour être remplacée par la loi unique qui confère à l'Etat les droits et les charges de l'éducation des enfants.

Or il n'est rien de plus difficile pour un peuple vieilli dans la civilisation, comme c'est alors le cas, que d'apprendre à se passer de la loi.

Cette période de transition est caractérisée par l'institution de ce qu'on appelle le divorce.

Le mariage est toujours indissoluble en principe, il ne l'est plus en fait ; et, comme la loi intervient encore dans le mariage, c'est elle nécessairement qui intervient aussi dans le divorce, elle qui est juge des cas où le mariage doit être dissous, en attendant que, sous l'union complètement libre, ce soit la seule volonté des conjoints qui prononce soit le commencement soit la fin de leur union.

A mesure que la période transitoire s'avance, le nombre des cas de divorce admis par la loi va naturellement en augmentant ; quand elle en arrive à reconnaître le consentement mutuel des époux comme un de ces cas, c'est la dernière étape avant l'union libre proprement dite.

Le divorce n'est admissible que pendant la période de transition dont nous parlons ici.

Avec la monogamie normale, le divorce est évidemment absurde. Du moment que les liens de famille sont réputés indissolubles, vous n'avez pas plus le droit de demander à la loi le changement de votre épouse, si elle a cessé de vous plaire, que vous n'auriez celui de lui demander de vous changer votre père et votre frère, si vous étiez mécontent d'eux. Vous en avez même moins le droit, car pour votre père et votre frère vous pourriez au moins arguer que ce n'est pas vous qui les avez choisis.

Illogique dans son institution même, le divorce l'est forcément dans ses conséquences ; il ne faut pas songer en particulier à trouver avec lui une solution équitable pour le sort des enfants des divorcés ; cherchez, tournez et retournez ; vos combinaisons seront toujours boiteuses, parce que la situation n'est pas franche, parce qu'il n'y a que deux situations franches :

Ou bien le mariage indissoluble avec la puissance et les charges paternelles ;

Ou bien les enfant à l'Etat avec l'union libre.

Lorsqu'elle est obligée d'admettre transitoirement cet expédient qu'est le divorce, la loi joue toujours un singulier rôle en se contredisant elle-même ; mais elle devrait pourtant tâcher de se galvauder le moins possible, et pour cela il nous semble que le divorce devrait être prononcé *préventivement* et non pas, comme cela a lieu aujourd'hui, *consécutivement* à la constatation des cas qui le décident.

Nous allons essayer de nous expliquer.

En mariant les époux, la loi leur dit :

« Vous avez telles obligations réciproques,
« tels devoirs à remplir l'un envers l'autre ;
« vous croyez pouvoir aujourd'hui vous enga-
« ger à les remplir, et c'est pourquoi je vous
« marie ».

La loi devrait ajouter :

« Si un jour l'un ou l'autre d'entre vous se
« voit, pour une cause quelconque, sur le point
« de ne pouvoir tenir ses engagements, reve-
« nez me trouver, exposez-moi vos raisons ; je

« les jugerai et, si elles sont bonnes, je vous
« démarierai ».

Au lieu de cela elle dit :

« Si vous jugez un jour vos engagements dif-
« ficiles à tenir, gardez-vous de venir me trou-
« ver à ce moment-là, je ne pourrai encore
« rien pour vous. Pour qu'il y ait cas de di-
« vorce, il faut que vous ayez déjà bel et bien
« foulé aux pieds les serments que vous venez
« de prononcer.

« Plus vous serez allé loin dans cette voie-là,
« plus vous vous serez conduits l'un envers
« l'autre comme des salopiauds, plus je serai
« disposé à combler vos vœux en vous délivrant
« de votre lien conjugal.

« Ainsi donc, ne vous gênez pas et prenez en
« à votre aise avec la morale que je viens de
« vous faire en vous mariant ».

Que voulez-vous que l'on pense vraiment de
la loi qui tient ce langage, analogue à celui du
Commissaire bon enfant, de Courteline, au
monsieur qui lui demande la permission de
porter une arme pour sa défense :

« Je ne puis vous autoriser à porter un revol-

« ver pour ne pas être assassiné. Quand vous

« aurez été assassiné, alors, et alors seulement,

« il me sera possible de vous accorder cette

« autorisation ».

On objectera à ce divorce préventif que c'est un principe de droit de ne pas juger les délits d'intention, mais ceux-là seulement qui ont eu au moins un commencement d'exécution.

Sans doute, lorsqu'il s'agit d'une punition à prononcer ; on ne peut évidemment pas punir celui qui n'a encore rien fait de mal.

Mais le divorce *ne doit pas être une punition ;* c'est là que gît toute la confusion.

Avec les lois actuelles on ne sait pas, le plus souvent, si c'est une récompense ou une punition.

Il y a même plus. En général, n'est-ce pas, c'est précisément celui des deux époux qui a plein le dos de son conjoint qui se rend coupable des offenses, sévices, adultère, etc., tandis que l'autre peut vouloir la continuation de la vie conjugale.

Eh bien ! dans ce cas, le divorce actuel est une récompense pour le coupable et une punition pour l'innocent, ce qui est le plus complet barbarisme sociologique qui se puisse commettre, et même rêver.

Notre divorce préventif au contraire, prononcé quand il n'y a pas encore de coupable, serait nettement une récompense, la récompense de la fidélité conservée aux engagements du mariage dans des circonstances difficiles.

Mais, dira-t-on, s'il y a un des conjoints qui ne voulait pas de ce divorce préventif, ce sera bien, si on le prononce, une punition pour lui?

Pas tant que cela, puisqu'on lui évite probablement de recevoir plus tard des torgnoles physiques ou morales. C'est comme si vous prétendiez que, quand on ferme par exemple une maison de jeu, on *punit* les joueurs qui auraient voulu la voir laissée ouverte.

Mais supposez, nous objectera-t-on encore, que votre divorce préventif ait été refusé par les juges et que les sévices entre époux viennent ensuite?

Alors, répondrons-nous, c'est que le juge, en refusant le divorce en temps opportun, aura mal jugé. Si vous voulez faire de la sociologie ou de la législation en admettant comme un fait normal que les magistrats jugent tout de travers, nous vous passons humblement la plume.

Une question qui a soulevé bien des polémiques est celle de savoir si, quand le divorce est prononcé pour cause d'adultère d'un des conjoints celui-ci doit être autorisé ou non à épouser ensuite son complice.

Il ne doit pas l'être, disent les uns, car si vous admettez un mariage ultérieur qui réhabilite le conjoint indigne et légitime en quelque sorte sa faute passée, vous établissez une véritable prime à l'adultère.

Il doit l'être, répondent les autres, car si vous refusez ce mariage aux deux complices, que deviendront-ils? vous les rejetez malgré eux hors de toute situation légale ; vous offrez une prime au concubinage.

Ces deux arguments opposés ont ceci de commun qu'ils prennent l'un et l'autre, à propos du divorce, la défense de l'institution du mariage, l'un craignant qu'elle ne soit bafouée, et l'autre qu'elle ne soit éludée.

On dirait à les entendre que le divorce est

chargé de faire qu'il y ait le plus possible de bons ménages légitimes, de sauvegarder ou de restaurer la dignité et la moralité du mariage, alors qu'il a au contraire pour but unique d'en préparer l'abolition.

La réalité est qu'il faut bien se garder d'autoriser le conjoint adultère divorcé à épouser son complice, afin de les forcer tous deux à s'acclimater à l'union libre, fût-ce malgré eux, comme on jette quelqu'un à l'eau pour lui apprendre à nager.

Si, à peine délivré d'un lien légal, on court en chercher un autre, ce n'est pas la peine d'avoir institué le divorce, qui n'est fait que pour habituer les gens à se passer justement de la loi dans leurs rapports sexuels, et pour servir d'acheminement vers le régime de l'union libre.

Le divorce, tempérament légal au mariage indissoluble, a été adopté dans bien des pays, ce qui tendrait à faire supposer que beaucoup d'entre eux en sont aujourd'hui à cette période de transition entre la monogamie et l'union libre.

La France surtout paraît devoir devancer les

autres dans cette voie ; il y a bien des raisons qui le font supposer et particulièrement les deux suivantes :

1° Les opinions exprimées à ce sujet par la littérature nationale qui, même en faisant la part de certaines exagérations, n'en est pas moins un sérieux indice de l'état des mœurs d'un pays.

Le roman français contemporain bat en brèche, bien nettement, l'institution du mariage.

Cette littérature, il est vrai, ne porte la parole qu'au nom des classes lettrées, c'est-à-dire d'une assez faible minorité de la nation. La Révolution de 1792 a montré qu'on aurait eu tort de juger à cette époque l'ensemble du peuple français d'après les mignardises et les bergerades du xviiie siècle.

2° Mais il y a actuellement un indice bien plus grave, donné par les statistiques démographiques : la natalité diminue en France avec une régularité et une rapidité qui n'avaient jamais été constatées.

Ceci est bien la preuve que le peuple tout entier en est arrivé à ce point de civilisation, c'est-à-dire d'habitude du bien-être devenue nécessité, c'est-à-dire en définitive, car c'en est la conséquence nécessaire, à ce développement de l'égoïsme qui fait que l'individu rejette les charges de la famille.

On peut chercher et trouver en effet bien des causes de cet abaissement de notre natalité, mais, si multiples soient-elles en apparence, ces causes se réduisent au fond à une seule, toujours la même, l'égoïsme.

Prenons par exemple les deux causes données comme principales : l'alcoolisme d'une part, et d'autre part, la diffusion de la propriété, conséquence elle-même de la loi qui fractionne les héritages entre les enfants.

L'alcoolique, tout au moins dans les classes populaires, et c'est là surtout que l'alcoolisme est une plaie, là qu'il attaque les forces vives de la nation, dont il ne faudrait pas désespérer tant que le peuple en conserverait des réserves, l'alcoolique est en définitive un homme qui emploie à ce qui lui est *agréable* une partie des ressources qui seraient *utiles* à sa famille.

Sacrifier l'utilité d'autrui à son agrément personnel, y a-t-il une meilleure définition de l'égoïsme ?

Et la division extrême des biens, qu'en résulte-t-il ? Il en résulte indiscutablement que, tout en renfermant moins de grosses fortunes, la France est le pays qui possède le plus de citoyens ayant ce qu'on appelle de quoi vivre.

Eh bien, ces gens qui ont de quoi vivre devraient logiquement procréer plus d'enfants que les prolétaires qui n'ont que leur travail, puisqu'eux ont leur travail et quelques petites choses en plus.

S'ils en procréent moins, comme on le constate chez nous, il n'y a pas à hésiter sur la raison.

Ce ne peut être que l'égoïsme toujours qui les pousse à garder leur petit superflu pour leur jouissance personnelle, ou pour celle d'un héritier unique, ce qui est encore l'égoïsme de la race, si ce n'est plus tout à fait celui de l'individu.

La situation étant ce qu'elle est en France, devons-nous résolument sauter le fossé de l'atavisme et des préjugés qui nous sépare de l'union libre, ou devons-nous tenter encore de restaurer le mariage ?

Il y aurait certainement quelque chose à faire dans ce dernier ordre d'idées.

La monogamie, avons-nous dit plus haut, est le régime normal d'un peuple où les individus sont déjà conscients de leurs droits et encore conscients de leurs devoirs.

Avant d'admettre carrément que nous, Français, nous ne sommes plus conscients de nos devoirs envers nos enfants et notre pays, et mûrs par conséquent pour l'union libre, ne conviendrait-il pas d'examiner si le mariage, tel qu'il existe actuellement chez nous, donne une juste satisfaction à la conscience de nos droits, que nous possédons indiscutablement.

Eh bien, si nous examinons ce point nous voyons qu'il n'en est rien.

Ni l'homme ni la femme, chez nous, ne choisissent *librement* leur conjoint.

Et ce serait pourtant une chose nécessaire que, si la famille est indissoluble, on soit du moins à même de choisir en toute liberté celle ou celui avec qui on doit fonder une famille.

Les raisons qui, en cette circonstance, gênent la liberté des futurs conjoints sont de plusieurs sortes : il y a des raisons légales, des préjugés, et des raisons mixtes, dont l'origine provient à la fois des lois et des mœurs.

Parmi les raisons légales, il y a la nécessité de l'autorisation paternelle ou, à défaut, des sommations dites respectueuses.

La puissance paternelle est évidemment une conséquence naturelle de la charge imposée aux parents, d'élever leurs enfants ; mais elle devrait cesser avec cette charge quand les enfants ont leur plein libre-arbitre et sont en âge de se suffire à eux-mêmes.

Prolonger la puissance paternelle au delà est absurde, et cette disposition légale ne peut s'expliquer que par le fétichisme que nous avons conservé pour le Droit romain,

Les préjugés qui entravent la liberté du mariage sont légion : il y a des préjugés de rang, de fortune, d'éducation, etc. ; il faudrait des volumes pour traiter cette question.

Il y a le préjugé de la virginité féminine, dont nous avons déjà dit un mot précédemment, et qui est absurde en l'état de nos mœurs.

Ah ! si les jeunes filles étaient, comme les jeunes gens, élevées librement et soumises à toutes les tentations, la virginité, conservée malgré cela, signifierait quelque chose. Elle serait un sûr indice du caractère de la jeune fille et de la sincérité de sa préférence pour le fiancé qu'elle aurait enfin choisi.

Mais dans notre société sont vierges, en général, les jeunes filles qui n'ont pas eu le moyen matériel de perdre leur virginité. Je vous demande s'il y a le moindre bon sens à considérer cela comme une garantie et à laisser influencer son choix par cette circonstance.

Parmi ce que nous avons appelé les raisons mixtes, mi-légales, mi-préjugés, il y a la question de la dot, dont la cause première est dans la loi qui assure l'héritage à tous les enfants, filles et garçons, loi qu'on devrait supprimer et remplacer par la liberté de tester, pour toutes sortes de raisons d'ailleurs.

L'usage de doter les jeunes filles est, dans une certaine classe, le plus grand obstacle à la liberté du mariage en France,

Notez que si cet usage était inconnu, comme il l'est dans d'autres pays, l'ensemble des mé- mages n'en serait, bien entendu, ni plus riche ni plus pauvre. La sœur, non dotée, laisserait toute la fortune à ses frères, mais par contre celui qu'elle épouserait serait plus riche, puis- qu'il aurait lui aussi ce que l'on donne actuelle- ment à ses sœurs.

On voit que nous pourrions, en agissant soit sur les lois soit sur les mœurs, augmenter sen- siblement la liberté et la sincérité du mariage.

Réussirions-nous ainsi à vaincre le discrédit dans lequel cette institution paraît être tombée ?

Il semble que nous devrions tout au moins l'essayer, avant d'en arriver à la suppression de la famille et au régime de l'union libre.

La raison qui nous commande cet essai, même avec peu de chances de réussite, est peut- être unique, mais elle est capitale et c'est la suivante :

Il faut se rappeler que les lois doivent suivre les mœurs, mais non les précéder, surtout quand elles déclinent, et que le gouvernement, le légis- lateur qui accepte trop facilement la décadence de son peuple comme irrémédiable et édicte des lois qui ne peuvent que la précipiter, commet la plus inique forfaiture, la plus capitale tyrannie qui se puisse concevoir.

Car, alors que son devoir unique est de veiller sur la grandeur et l'existence de la nation, il abat lui-même cette grandeur et compromet cette existence.

CHAPITRE III

RAPPORTS ILLÉGAUX DES SEXES

Quelles que soient les lois qui régissent la question sexuelle dans un pays, il y aura toujours, bien évidemment, entre certains hommes et certaines femmes des rapports non prévus, ou même explicitement défendus par ces lois.

Il y aura toujours l'adultère, le viol, l'inceste, le concubinage, etc. Nous allons passer ces faits en revue et voir dans quels cas chacun d'eux constitue un vrai délit, c'est-à-dire est illégal, et dans quels cas il est simplement extra-légal.

C'est le seul point de vue auquel puisse se placer le sociologue, qui n'a pas à juger la moralité en soi des actes commis par les citoyens, mais simplement la répercussion de ces actes sur les droits des autres citoyens et sur le bien public.

Adultère. — Parlons d'abord de l'adultère.

L'adultère existe avec n'importe lequel des quatre régimes légaux que nous avons examinés dans le chapitre précédent.

Même sous le régime collectiviste de la communauté, il y aura toujours, par exemple, des femmes qui, le jour même où une réquisition régulière de l'autorité leur adjoindra d'appartenir à M. X..., trouveront le moyen de carotter ladite réquisition et de s'offrir furtivement à M. Y... Ce sera encore un adultère au sens strict et légal du mot.

Et avec l'union libre? Il est inconcevable d'entendre dire parfois qu'il n'y aurait plus d'adultère sous le régime de l'union libre.

Avec cela que les amants et les maîtresses, bien qu'unis par leur seule volonté, se gênent pour se tromper mutuellement!

Dites qu'ils sont, ce faisant, plus inexcusables que les époux, je le veux bien.

Avec le mariage en effet, même si le divorce existe, il y a tant de longueurs et de difficultés matérielles pour arriver à se séparer (il y en aurait un peu moins si le divorce se prononçait préventivement, comme nous l'avons demandé au chapitre précédent) que l'on comprend que parfois un des époux recule devant ces difficultés et se laisse aller à s'offrir en secret des compensations immédiates.

Mais avec l'union libre, quand un conjoint a assez de l'autre, il n'a qu'à le lui dire.

Il est vraiment bien déloyal et bien peu logique de se tromper en secret au lieu de se quitter franchement, quand la séparation est si facile.

Mais il ne faut pas chercher la logique en amour, car c'est justement le seul cas où l'homme ne la connaît plus, et la femme, elle, ne la connaît jamais.

Aussi l'adultère existe dans l'union libre ; c'est un fait ; nous croyons même qu'il y est plus fréquent que dans le mariage, et cela pour deux raisons :

La première, c'est que dans le mariage l'amitié entre époux qui vient parfois se superposer ou succéder à l'amour, peut constituer un frein supplémentaire s'opposant à l'adultère ; au lieu que sous le régime de l'union libre, avec les changements qu'il comporte, l'amitié a plus rarement le temps de venir s'adjoindre à l'amour ou le remplacer.

La deuxième raison, c'est que précisément l'habitude du changement amène à considérer l'entrée en scène d'un nouveau partenaire amoureux comme un fait de moindre importance, moralement et surtout matériellement.

Or on ne peut nier que les circonstances matérielles aient une part prépondérante dans la perpétration des adultères.

A ce sujet j'ai même connu un mari assez roublard qui proposait à ses confrères, pour garantir leur honneur conjugal, la ligne de conduite suivante :

« Etant donné, disait-il, que vous avez épousé
« une jeune fille vierge (le moyen ne pouvait
« réussir que dans ce cas) il ne faut, à partir du
« mariage, jamais vous permettre de privauté
« complète avec elle autrement que pendant la

« nuit, tous deux entièrement déshabillés et
« couchés ».

Il partait de ce fait que le premier adultère
est presque toujours diurne et furtif, et il pro-
fessait qu'une femme habituée comme il l'indi-
quait reculerait toujours devant la nécessité
matérielle, jugée par elle anormale et mon-
strueuse, de l'acte à consommer dans un fiacre
ou sur un divan, sans enlever son pantalon.

Etant donné que l'adultère existera toujours
et est ce qu'on pourrait appeler une anomalie
normale, que faut-il en penser?

Chez nous la loi le réprouve, les mœurs le
tolèrent et la littérature l'exalte ; voilà, ce
semble, une singulière situation ; qui est-ce qui
a raison dans tout cela? l'adultère est-il nuisible, indifférent ou salutaire?

Pour nous éclairer si possible, essayons
d'analyser ce que dit la littérature à ce sujet.

C'est l'adultère de la femme qui a toujours
été jugé le plus intéressant par les romanciers,
peut-être parce que ces derniers sont en majorité des hommes.

Voyons comment ils considèrent l'adultère de la femme.

On peut distinguer trois écoles parmi les adultérologues :

1° La première et la plus ancienne, celle qui remonte à l'origine de la littérature française, est appelée parfois l'école gauloise, et a eu pour derniers protagonistes Paul de Kock et Armand Sylvestre.

Elle porte la trace de son antiquité en ce sens qu'elle s'attache surtout aux gestes matériels de l'amour et de l'adultère, et ne les dissimule pas sous ce voile de sentimentalité dans lequel s'empêtre notre âme moderne.

Ces auteurs représentent des femmes jeunes, jolies et charmantes s'évertuant à cocufier (parlons comme eux puisque nous parlons d'eux), de la façon la plus réjouissante du monde des maris vieux, laids ou désagréables.

En réalité cette école s'élève contre le fait que de telles femmes puissent être sacrifiées en étant données en mariage à de tels hommes, contre leur gré.

Elle plaide pour la liberté du choix de chaque conjoint, aussi bien féminin que masculin, c'est-à-dire qu'elle mène absolument le même combat que nous à la fin du chapitre précédent.

Elle ne s'élève pas contre l'usage du mariage ; elle en condamne seulement les abus ; bien loin de battre en brèche la monogamie, elle en poursuit au contraire la restauration et la réorganisation sur de meilleures bases :

2° Il n'en est pas de même de la deuxième école, plus moderne, qui, dans ses conclusions, fait en général abstraction des qualités et des défauts respectifs de chaque époux, ou du moins ces qualités et ces défauts n'apparaissent qu'en ligne accessoire, et, dégagée de ces accessoires, la thèse est la suivante :

Quand une femme n'aime pas ou n'aime plus son mari, n'eût-elle rien à lui reprocher, du fait même qu'elle ne l'aime plus, elle est autosée à prendre un amant.

Ici c'est bien le mariage lui-même qui est attaqué ; c'est la lutte pour l'union libre, sans controverse possible.

Les romanciers qui croient sincèrement que

le moment est venu où le régime de l'union libre nous est nécessaire ont parfaitement raison d'écrire ainsi, en principe ; on ne peut leur reprocher que deux choses :

D'abord l'affirmation, quand ils la donnent, que sous le régime de l'union libre il n'y aurait plus d'adultère possible : car c'est là une question de fait, manifestement contraire à la vérité et ne devant pas par conséquent bénéficier de la tolérance qui est due sur les questions d'opinion.

Ensuite l'oubli, fréquent chez eux, de bien spécifier que leur idéal entraîne nécessairement l'élevage des enfants par l'Etat, oubli qui est de nature à causer de graves malentendus.

Les littérateurs de cette deuxième école sentent si bien que le bât les blesse sur ce point, que le plus souvent ils trouvent plus commode d'omettre, purement et simplement, la question et l'existence même des enfants.

Il n'y a presque jamais d'enfants dans leurs ouvrages ; on pourrait, en les lisant, croire que les relations sexuelles n'ont pas pour effet la procréation.

3° Enfin depuis peu 'on a vu poindre une troisième école qui professe que, même lorsque la femme aime son mari, elle doit le tromper, ne fût-ce que pour le principe. Elle ne l'aime jamais autant, disent des auteurs que nous pourrions citer, que lorsqu'elle intercale dans son service conjugal des intermèdes extra-conjugaux.

Ici ce n'est plus la liberté des amours successives, c'est-à-dire l'union libre, que l'on demande, c'est la légitimité, qu'on affirme, des amours simultanées ; c'est bien nettement le régime de la communauté qui est visé comme desideratum.

A moins que ce ne soit la polyandrie, mais nous ne le pensons pas, car, bien qu'en pratique ces auteurs choisissent surtout des exemples d'adultère féminin, ils ne posent pas ce choix unilatéral comme une question de principe.

De même que la deuxième école, celle-ci ne devrait tout d'abord pas oublier d'ajouter à son programme la nécessité de l'élevage des enfants par l'Etat. La négation de cette nécessité rendrait le programme de ces deux écoles absurde ; son omission suffit pour le rendre incomplet et incohérent.

Pour le reste, si les auteurs de la troisième école étaient franchement collectivistes, nous renverrions nos lecteurs à ce que nous avons dit au chapitre précédent au sujet de la communauté des femmes dans le collectivisme.

Mais ils ne sont peut-être pas toujours collectivistes, du moins de façon consciente. Peut-être rêvent-ils vaguement une sorte de communauté non réglementée, absolument libre, comme cela a été certainement possible chez des peuples encore sauvages, mais comme cela ne le serait probablement plus chez nous, à cause de la jalousie sentimentale que la civilisation a accumulé dans notre mentalité.

Nous devons à la vérité de reconnaître que chez la troisième école il y a une certaine réaction contre cet excès de sentimentalité, débordante surtout chez les romanciers de la deuxième école.

Mais c'est égal ; étant ce que nous sommes, nous nous ferions vraiment trop de bile, et notre existence ne serait plus qu'un enfer, s'il nous fallait admettre que la femme que nous aimons puisse en aimer, en même temps, des douzaines d'autres à notre barbe.

Passe encore à l'état d'exception malheureuse, mais reconnaître cela comme un droit légal et général, la chose serait, pensons-nous. sociologiquement impossible aujourd'hui.

Si les trois écoles que nous venons d'énumérer semblent poursuivre au fond des vues finales diverses : la première, la restauration de la monogamie ; la deuxième, l'établissement de l'union libre, et la troisième celui de la communauté, elles n'emploient pour arriver à leur but immédiat, qui est la réhabilitation de l'adultère, qu'un seul moyen, la confusion, naïve ou voulue, entre ce qui est immoral et ce qui est *antisocial.*

Ces auteurs n'ont pas de peine à démontrer que dans certains cas l'adultère n'est pas immoral, que dans d'autres il n'est pas contraire au bien de la société :

> Je suis oiseau, voyez mes ailes ;
> Je suis souris, vivent les rats !

Et ils en concluent triomphalement : « vous voyez bien que l'adultère n'est pas *mauvais !* » jouant précisément sur ce mot *mauvais* auquel ils donnent, à leur choix, l'un ou l'autre sens.

Un des écrivains, dont d'ailleurs j'admire le plus le haut talent, M. Maurice Donnay, nous donne un exemple typique de cette confusion d'expressions.

Dans la préface d'un de ses livres, M. Maurice Donnay écrit : « Qui donc oserait affirmer que « l'état d'adultère est répréhensible ? Il fau- « drait avant tout prouver la moralité de l'état « de mariage ».

Evidemment le mariage n'est, en lui-même, ni plus ni moins moral que l'union libre. Tout ce qu'on peut dire, c'est que tantôt l'un, tantôt l'autre système se trouve plus particulièrement indiqué comme régime légal d'un peuple, suivant l'état des mœurs, de la civilisation, etc.

Jusqu'ici très bien, mais, à l'inverse du ter- me *moralité*, le terme *répréhensible* n'est pas clair.

Est-il mis par opposition pure et simple avec le premier, et veut-il dire par conséquent : blâmable ou punissable *moralement ?* alors la proposition est exacte, et même évidente.

Signifie-t-il au contraire punissable *par les lois ?*

C'est déjà bien différent, mais ce n'est pas encore tout à fait clair ; il faudrait dire :

Ou bien :

« Qui donc oserait affirmer que l'état d'adul-
« tère est punissable par les lois, lorsque les
« enfants sont à la charge de l'Etat ? »

Alors la proposition serait claire et exacte ; la réponse évidente serait :

« Non, il n'est pas punissable ».

Ou bien :

« Qui donc oserait affirmer que l'état d'adul-
« tère est punissable par les lois, quand ces
« mêmes lois font incomber au père putatif la
« charge d'élever les enfants ? »

Et alors la proposition serait claire... et fausse, car tout le monde répondra :

« Oui, il est punissable ».

Il est bien entendu que je n'incrimine nullement la bonne foi des écrivains dont je parle.

Bien au contraire, je sais que le propre d'une

méthode défectueuse est d'amener à l'erreur précisément les hommes de bonne foi (les autres ne s'embarrassent guère de méthodes d'aucune sorte).

Mais je dis que leur méthode est précisément défectueuse en ceci, qu'elle s'efforce d'établir une casuistique à la fois sur un double critérium, celui de la moralité et celui de l'utilité sociale.

Or on ne peut, logiquement, établir une casuistique que sur un seul critérium à la fois.

Les plus grands docteurs de l'Eglise sont tombés aussi dans la confusion quand ils ont voulu fonder la leur sur le critérium double des lois divines et des lois humaines.

Nous ne pouvons pas juger l'adultère, non plus que n'importe quel autre phénomène humain ou social, si nous le mesurons tantôt à l'aune de la moralité pure, tantôt à celle de la sociologie, car ces deux aunes sont différentes ; il faut adopter soit l'une soit l'autre.

La moralité c'est l'altruisme, l'immoralité c'est l'égoïsme ; ce n'est pas ici le lieu de nous étendre sur ce point, que nous considérons comme démontré tant que personne ne sera venu détruire la magnifique argumentation de Schopenhauer à ce sujet (1).

On ne peut pas dire qu'un adultère, ou, plus généralement, un acte sexuel quelconque soit moral ou immoral en lui-même, car la moralité ou l'immoralité ne sont pas les attributs d'un acte, mais seulement ceux d'une intention, d'une volition libre ; c'est une des raisons pour lesquelles la loi pénale ne peut adopter le critérium de la moralité, car elle ne peut juger les intentions, qu'elle n'a pas en général le moyen de connaître, mais seulement les actions.

La moralité ou l'immoralité d'un adultère est donc une question d'espèces, et ne peut se déterminer dans chaque cas particulier qu'en connaissant les circonstances internes qui l'accompagnent.

Si nous voulons, sur le critérium moral, nous amuser à faire un peu de casuistique adultérine, nous reconnaîtrons :

D'abord qu'au point de vue moral, l'adultère

____

(1) Voir Schopenhauer : *Du fondement de la morale.*

de l'homme et celui de la femme sont absolument comparables ; nous parlerons de ce dernier simplement pour fixer les idées, et parce que c'est celui qu'on est habitué à envisager le plus souvent.

Ensuite qu'il y a certainement des cas où l'adultère est moral.

Une femme par exemple a un mari qu'elle aime et qui ne l'aime pas ; elle le trompe avec un amant qui l'adore et qu'elle n'aime pas.

Elle ne cause de chagrin à personne puisque son mari ne l'aime pas ; il y a quelqu'un, son amant, à qui elle cause un grand plaisir ; cet adultère est moral, et même en quelque sorte héroïquement moral, car ce plaisir qu'elle donne à autrui par altruisme, elle le fait à ses propres dépens, en n'écoutant pas son égoïsme, puisqu'elle préfère son mari à son amant.

Une femme a un mari qu'elle n'aime pas et qui ne l'aime pas ; elle le trompe avec un amant qui l'aime et qu'elle aime.

Ici le cas n'est plus héroïque ; puisqu'elle aime son amant, bien loin qu'elle se sacrifie comme précédemment, l'adultère lui est agréable à elle-même. Mais enfin comme elle conti- nue à ne faire aucune peine à son mari et à donner une joie à son amant, c'est encore somme toute un adultère moral.

Il y a des cas bizarres, déconcertants, qui confirment bien ce que nous avons dit sur le manque de logique de l'amour.

Par exemple une femme a un mari qu'elle aime et qui l'aime ; elle le trompe avec un amant qu'elle n'aime pas et qui ne l'aime pas ?

Il y a enfin des cas immoraux :

Une femme a un mari qu'elle n'aime pas et qui l'aime ; elle le trompe avec un amant qui ne l'aime pas et qu'elle n'aime pas.

Sans se causer à elle-même ni plaisir ni peine, puisqu'elle est également indifférente aux deux hommes, elle fait de la peine à son mari et ne donne pas grande joie à son amant, qui est lui- même indifférent.

Sans agir précisément par égoïsme, elle ne fait montre d'aucun altruisme ; c'est un adul- tère immoral.

Une femme a un mari qu'elle n'aime pas et

qui l'aime ; elle le trompe avec un amant qui ne l'aime pas, mais qu'elle aime.

La femme, comme dans le cas précédent, chagrine son mari sans enchanter son amant, mais ici elle le fait pour son propre plaisir ; elle manque doublement d'altruisme, elle est superlativement immorale.

Nous pourrions poursuivre longtemps ce petit jeu, mais il est sans intérêt pour le sociologue, puisque, la loi pénale ne pouvant se fonder sur le critérium moral, tout ceci ne nous apprend pas les cas où la société peut, licitement ou non, punir l'adultère.

Si nous quittons, avec le critérium moral, le domaine des intentions, bonnes ou mauvaises, altruistes ou égoïstes, pour passer avec le critérium social dans le domaine des faits, nous voyons qu'il y a deux faits dans l'adultère :

1° Le manquement à un contrat.

2° Le préjudice possible aux enfants légitimes.

Le mariage est un contrat si l'on veut, mais d'un genre bien spécial.

Un contrat en général n'est valable que si les contractants jouissent réellement de leur libre arbitre au moment où ils s'engagent.

Ce n'est pas tout à fait le cas ici. L'homme n'est pas absolument libre de procréer ou de ne pas procréer, pas plus qu'il n'est libre de mourir ou de ne pas mourir.

Il y a en quelque sorte entre l'homme et la nature un précontrat, antérieur et supérieur à tous les contrats légaux, qui veut que l'individu meure et que la race se perpétue ; le suicide et l'abstention de procréer sont des modifications abusives apportées par l'homme aux termes de ce précontrat ; mais ce ne sont que des exceptions qui n'infirment pas la règle.

Dans le cas général, s'engager à ne procréer qu'avec tel conjoint, c'est un peu comme si on s'engageait à ne mourir que de telle maladie ; cela sort un peu des limites de la liberté humaine, et c'est pourquoi il serait hasardeux d'affirmer que la loi doit une sanction à de tels contrats.

Aussi, pour rester sur un terrain solide, ne

devons-nous retenir que le deuxième fait, l'intérêt des enfants.

Les enfants sont des citoyens ; il s'agit de leur intérêt, non seulement moral, mais matériel ; ici la loi a, sans contredit, le devoir d'intervenir.

Si nous recommençons, avec ce dernier critérium, seul valable, la casuistique de l'adultère, nous verrons :

1° Qu'au point de vue légal, à l'inverse de ce qui a lieu au point de vue moral, l'adultère de l'homme et celui de la femme présentent une différence, résultant de celle même que la nature a mise entre leurs rôles respectifs dans la procréation.

2° Que si l'élevage des enfants se fait aux frais de l'Etat, la loi n'a nullement le droit de punir l'adultère ni chez l'homme ni chez la femme.

Sous le régime de l'union libre l'adultère serait, nous l'avons vu, plus fréquent probablement et plus illogique certainement qu'avec la monogamie ; mais, non moins certainement, il ne tomberait pas sous le coup de la loi ; ce serait une de ces conséquences de la liberté qui, sans être louables, ne sont pas non plus punissables, comme par exemple la prodigalité.

L'homme qui économise afin d'employer ses richesses à un usage utile pour ses concitoyens, agit mieux, socialement parlant, que celui qui dépense tout, égoïstement, au jour le jour ; mais néanmoins ce dernier use d'un droit et n'est pas à proprement parler punissable.

3° Que lorsque les enfants sont à la charge des parents, l'adultère du mari n'est pas punissable, car ce n'est jamais cet adultère qui mettra injustement un enfant à la charge de l'épouse, même dans le cas où ce serait celle-ci qui subviendrait effectivement aux besoins du ménage.

Nous ne voulons pas dire que le mari qui trompe sa femme soit toujours sans reproche au point de vue social. Il pourra être tenu de réparer les torts (viols, grossesses, etc.) causés par lui aux autres femmes qu'il aura mises à mal ; en particulier il est bien certain que la loi, même sous la monogamie, devrait autoriser un homme marié à reconnaître un enfant qu'il a d'une autre femme, mais ce n'est qu'envers cette autre femme qu'il assume une responsabilité, ce n'est pas envers son épouse ; ce n'est pas comme adultère qu'il est punissable.

La disposition de certains codes qui punit l'entretien de concubines au domicile conjugal n'apparaît guère que comme une loi de transition entre la polygamie et la monogamie, quand il s'agit de faire perdre les habitudes du premier de ces deux régimes. Le maintien de cette disposition ne s'explique qu'autant que l'on peut craindre, et que l'on veut éviter un retour à la polygamie.

4° Que, lorsque les enfants sont à la charge des parents, l'adultère de la femme est punissable, sauf quand il a lieu pendant une grossesse, parce qu'alors aucune conception ne pourra en résulter, ou encore quand c'est la femme qui subvient à l'entretien de la famille.

Ce dernier cas a ceci d'embarrassant qu'il peut difficilement faire, pour les juges, l'objet d'une équitable appréciation d'espèces suivant les cas particuliers, parce que si, au moment de l'adultère et de la conception possible, c'est tel ou tel des deux époux qui nourrit la famille, plus tard, cela changera peut-être.

La loi est donc obligée de ne considérer que la situation globale de la nation :

Si l'on est dans une société où ce sont le plus généralement les femmes qui travaillent et élèvent leur famille, la loi, en principe, ne devra pas punir l'adultère féminin.

Si au contraire, ce qui est le cas le plus fréquent, ce sont surtout les hommes qui gagnent la vie de la famille, la loi a le devoir de punir l'adultère féminin, sauf dans les cas particuliers où le juge pourrait apprécier pleinement que la famille est et *sera toujours* à la charge de la mère, et aussi, nous le répétons, lorsque l'adultère a été commis pendant une grossesse.

Dans ce dernier cas, il n'y a pas de raison vraie pour qu'on punisse jamais les femmes.

Ah ! il y a bien les raisons sentimentales, nous les voyons venir :

« Eh ! quoi, voilà ma femme que j'aime, pour
« qui je me tue à travailler, que j'entoure de
« plus de soins et de sollicitude encore depuis
« qu'elle porte dans son sein notre cher espoir

« commun; et c'est justement en ce moment
« qu'elle aurait le droit de me tromper! »

Nous ne disons pas de vous *tromper*. Pour
être tout à fait loyale envers vous elle doit,
maintenant comme toujours d'ailleurs, si elle se
donne à un autre, ne pas vous en faire mystère;
mais enfin, si elle se donne en ce moment, elle
en a le droit social.

A vous, monsieur, en ce moment comme
toujours depuis votre mariage, il vous reste le
droit humain de faire votre possible, de mettre
du vôtre pour que votre femme vous aime et ne
vous soit pas infidèle. Voilà le moment ou
jamais d'employer le sentiment pour conserver
votre propre femme, au lieu d'en réserver
toujours l'usage pour séduire les femmes des
autres.

Croyez-moi, les femmes ne sont pas si
méchantes qu'on veut bien le dire, ni surtout
si inconstantes que les hommes, à beaucoup
près.

En amour elles sont plus rosses (1), il est

(1) Pour ne pas être accusé à mon tour d'ambiguïté dans

vrai, qu'à leur coutume, et nous autres hommes, par contre, nous le sommes moins ; je l'ai dit et ne m'en dédis pas ; mais cela ne signifie pas que la femme, même en amour, puisse atteindre, sinon exceptionnellement, la rosserie naturelle à l'homme.

C'est pour cette raison que la loi peut, avec justice, punir le complice (1) autant et plus que la femme adultère, bien que celle-ci ait à répondre personnellement d'un parjure, en plus du délit qui leur est commun à tous deux et qui consiste à risquer de léser les enfants légitimes, nés ou à naître, en leur enlevant une partie des biens et de l'affection de leur père.

La femme est si peu méchante que si dans nos mœurs elle était libre, seulement autant que l'homme, dans le choix de celui qu'elle

les termes, je répéterai que par méchanceté, rosserie, j'entends : égoïsme.

(1) Il est curieux que cette loi de la punition du complice n'existe pas seulement dans les sociétés humaines, et qu'on en trouve des exemples chez certains animaux. On lit dans le journal de Livingstone que chez les singes Sokos de l'Afrique australe : « Si l'un des membres de la société « s'empare de la femelle d'un autre, il est terrassé et mordu « par tous les mâles du groupe ».

veut épouser; je suis persuadé que sur 10 adultères féminins il y en aurait au moins 6 provoqués par la faute du mari lui-même, imprudence, bêtise ou méchanceté, peut-être 3 causés par les lectures et les fréquentations, et à peine 1 amené par la méchanceté de la femme.

C'est effrayant tout ce que les hommes font faire aux femmes de choses, qu'ils leur reprochent ensuite. Ah! il faut voir cela dans les ménages des classes inférieures qui sont, n'en déplaise à l'opinion contraire, les meilleurs laboratoires expérimentaux de psychologie, car là, c'est bien de l'humanité vive et crue.

A côté des femmes et des filles pauvres réellement enlevées par les riches et les patrons, combien y en a-t-il, hélas! qui leur sont offertes de bonne grâce par leurs maris ou leurs familles !

Ce qui précède détermine exactement les cas où l'adultère tombe ou non sous le coup des lois sociales, cas qui ne sont pas du tout les mêmes que ceux où il est blâmable ou non moralement, il est à peine besoin de le rappeler au point où nous en sommes,

Quand l'adultère appelle une punition législative, cette punition doit-elle être sévère ?

Dame, elle doit, comme toutes les punitions, être assez sévère pour être efficace.

Voici un père de famille putatif à qui vous, société, vous imposez la charge d'élever tous les enfants de sa femme. Vous devez au moins lui donner, à défaut d'une certitude absolue que la science ne permet pas, tout au moins la plus grande présomption, autant qu'il est en votre pouvoir, que ces enfants sont siens, sans quoi le pauvre homme est dupé, comme citoyen, par vous, société.

On ne saurait trop répéter que cette considération, tout en étant la seule valable parmi toutes celles qu'énoncent les adversaires de l'adultère, est très suffisante pour justifier sa punition par les lois.

Actuellement les peines prononcées chez nous contre l'adultère sont dérisoirement inefficaces. Cela tient à ce que nous nous considérons comme étant dans la période transitoire entre la monogamie et l'union libre, période caractérisée par l'existence du divorce, ainsi que cela a été démontré au chapitre II.

Si l'on voulait essayer de remonter à la monogamie normale par une restauration de la liberté du mariage, comme nous l'avons proposé à la fin de ce même chapitre, il faudrait de toute nécessité relever très sensiblement ces peines.

Actuellement la simple constatation d'un adultère entraîne toujours une condamnation, si elle est demandée par l'époux offensé, et cette condamnation est toujours dérisoire.

On devrait logiquement procéder d'une façon complètement inverse, c'est-à-dire ne pas condamner du tout dans les cas, exposés plus haut, où l'adultère n'est pas socialement punissable, et, dans les autres cas, prononcer une peine efficace.

Nous allons examiner maintenant si, en dehors de l'adultère, il n'y a pas dans une société d'autres cas, par exemple le viol, l'inceste, la séduction, etc., où les lois pénales doivent sévir en matière de rapports sexuels.

Viol. — Pour le viol, la chose est bien évidente. Ce n'est même pas à proprement parler une loi sur les rapports sexuels qui entre en jeu ici ; il s'agit simplement d'un délit de droit commun, d'un abus quelconque exercé par la liberté d'une personne sur la liberté d'une autre.

Nous entendons par viol un attentat consommé ou tenté par la violence ou par la ruse, l'emploi d'un narcotique, etc.

Nous ferons observer en passant que lorsque c'est la violence qui est employée, la consommation d'un attentat ne peut guère se comprendre qu'avec la coopération de plusieurs agresseurs.

Quand une femme se plaint d'avoir été violée par un homme seul, les juges ayant à connaître de cette cause feront bien de méditer la sentence du bon Sancho Pança, au tribunal de son île, à l'égard de cette femme qui n'avait pas su protéger sa vertu, mais sut très bien défendre ses écus contre le même agresseur.

Vu la complexité de l'opération qu'est un viol, il ne semble pas facile d'admettre en effet qu'un homme seul en vienne à bout, quelle que soit sa supériorité de force musculaire.

Et d'ailleurs faisons remarquer qu'on s'exagère souvent cette supériorité de force masculine. Nous voyons journellement, dans les cirques et les music-hall, des femmes atteindre à peu près au même degré d'athlétisme que les athlètes-hommes, après un effort d'entraînement pas sensiblement plus long.

Dans certaines régions du midi de la France, à Marseille par exemple, à une époque toute récente, le métier de portefaix était exercé par des femmes, dénommées *porteïris*, en concurrence absolue avec les portefaix masculins ; peut-être même la mode ne s'en est-elle pas entièrement perdue aujourd'hui.

Inceste. — L'inceste, quand l'union incestueuse est féconde, donne comme la sélection, dont il est un mode particulier, des produits dans lesquels les tares et les qualités des deux générateurs sont majorées, et ici à un très haut degré, puisque ces deux générateurs, étant déjà proches parents, ont des raisons pour présenter déjà tous deux les mêmes tares et les mêmes qualités.

Si nous nous reportons à ce qui a été dit plus haut sur la sélection et le croisement, à propos de la polygamie, nous concluerons facilement que l'inceste, plus encore que toute autre forme de sélection, n'est tolérable que dans les races très jeunes et tout à fait saines.

Dans toutes nos sociétés civilisées, il semble que le croisement soit la méthode de procréation nettement indiquée, et que par conséquent nos lois doivent à bon droit proscrire l'inceste.

Séduction. — Par ce mot, on entend le plus usuellement la défloration d'une vierge.

Nous mentionnons donc ici la séduction à cause de l'importance que nos mœurs attachent à la virginité féminine.

Si nous considérons la virginité comme un capital, il est bien évident que le rapt de cette virginité doit être considéré par la loi comme un vol.

Seulement, en ce qui nous concerne, nous ne sommes pas loin d'estimer que les mœurs et la loi auraient tort ensemble sur ce point, et qu'en sociologie générale, la défloration ne présente pas les caractères d'un délit particulier.

Si elle a lieu contre la volonté de la femme, elle rentre dans le cas du viol.

Si la femme est au contraire consentante, ce n'est pas un délit du tout.

Nous savons bien que dans la séduction, il y a lieu de considérer, plus que dans le cas du viol en général, la contrainte morale à laquelle la victime se trouve prédisposée par sa jeunesse et son ignorance.

La circonstance de jeunesse de la victime, quand celle-ci n'a pas encore atteint l'âge du libre-arbitre complet, est évidemment une aggravation du délit, pour le viol aussi bien que pour la séduction.

Mais quand l'âge du libre-arbitre est atteint l'ignorance de la victime n'augmente guère la culpabilité du séducteur, car le vrai coupable, c'est cette ignorance elle-même, voulue par notre système d'éducation, prétendûment tuté=laire, et qui, on le voit, peut amener justement l'effet inverse de la protection.

Il ne faudrait pas donner à nos observations sur le système d'éducation une portée autre que celle qu'elles doivent réellement avoir.

Nous voulons dire simplement qu'il n'y a pas de bonne raison pour élever les filles d'une façon plus pudibonde que les garçons, mais nous n'entendons nullement prétendre qu'une certaine dose de pudeur, la même pour les deux sexes, ne doive pas être inculquée par l'éducation.

La nécessité de ce sentiment qu'on nomme la pudeur rencontre chez nous aujourd'hui certains adversaires.

Ce n'est pas un sentiment naturel à l'homme, disent-ils. D'accord ; mais il y a bien d'autres notions qui ne sont pas naturelles et que l'homme doit pourtant acquérir quand il vit dans tel ou tel état social.

L'inculcation de la pudeur serait évidemment inutile sous le régime de l'union libre, mais il n'en est pas de même dans une société polygame ou monogame.

Du moment qu'il est admis que, pour des raisons d'utilité sociale, un homme donné ne doit pas s'accoupler avec toutes les femmes indistinctement, ni une femme donnée avec tous les hommes, l'utilité de la pudeur en découle immédiatement.

Car, une chose que nous ne concéderons pas aux adversaires de la pudeur, c'est que, suivant un autre de leurs arguments favoris, la sensation s'émousserait par l'accoutumance du nu, par exemple.

Si les formes féminines et les phallus masculins s'exhibaient librement dans les rues, et si les sexes s'accouplaient sans contrainte sous les yeux des passants, jamais nous n'admettrons qu'il serait aussi facile aux époux de se garder mutuellement leur fidélité.

Cette considération suffit à justifier l'enseignement de la pudeur dans l'éducation, et à légitimer, par voie de conséquences, l'institution d'un délit d'outrage ou d'attentat à la pudeur dans les sociétés polygames ou monogames.

Ce délit est connexe des délits sexuels proprement dit, et il était nécessaire d'en dire un mot, par conséquent, à la fin du présent chapitre.

CHAPITRE IV

RAPPORTS EXTRA-LÉGAUX DES SEXES

Il nous reste à examiner dans ce dernier chapitre le concubinage simple, c'est-à-dire les rapports sexuels qui, à l'inverse de ceux énumérés dans le chapitre précédent, ne peuvent jamais être considérés comme des délits sociaux et qui ont lieu cependant en dehors des formes prévues par la loi.

A l'inverse de l'adultère, qui existe sous tous les régimes légaux, le concubinage ne se conçoit qu'avec la polygamie ou la monogamie ; quand l'union libre devient légale, il n'y a plus aucune espèce d'accouplement qui mérite le nom distinct de concubinage.

Par contre, sous les deux premiers régimes, le concubinage ou amour extra-légal est toujours fréquent, plus fréquent que l'adultère ou amour illégal ; ceci résulte de la définition même des deux termes.

Dans toute société en effet, il y a des gens *insociables* et des gens *sociables*.

Les gens insociables sont ceux qui sont trop égoïstes pour vouloir d'eux-mêmes restreindre l'exercice de leur liberté individuelle dans les limites au delà desquelles il est une gêne pour la liberté de leurs concitoyens ; ce sont ceux-là qui commettent les délits, les actes illégaux, et en particulier l'adultère délictueux.

Mais dans toute société le nombre des gens sociables, c'est-à-dire moins égoïstes, est évidemment plus grand que celui des gens insociables, sans cela la société n'aurait pas pu se constituer, ou ne pourrait pas se maintenir.

Or ce sont tous ces gens sociables qui, à part de rares exceptions, sont susceptibles un jour ou l'autre d'user de l'amour avec toutes les libertés qui ne sont pas franchement délictueuses.

Cette zone d'action extra-légale et non délictueuse est d'ailleurs particulière aux questions sexuelles. En matière de propriété par exemple elle n'existe pas ; il n'y a pas d'intermédiaire entre voler un bien quelconque ou l'acquérir en due forme.

Et cela parce que toutes les richesses, et d'une manière plus générale toutes les autres sources de jouissance sont des objets dépourvus de libre arbitre ; il ne peut donc y avoir conflit entre la liberté de l'objet et celle du possesseur ; ces objets peuvent être réellement possédés.

Là où le conflit peut seulement exister, c'est entre les droits des divers possesseurs possibles, et ce sont ces conflits-là qui sont tranchés par les lois. Ce qui n'est pas à Pierre pour telle et telle raison, est à Paul, pour telle et telle autre ; pas de doute possible.

Pour la possession des animaux, ce n'est déjà plus tout à fait la même chose. Supposons un chien qui abandonne son maître et qui préfère s'attacher à un autre ; pourra-t-on dire que cet autre a *volé* le chien ? Non, pas précisément, et la loi a peut-être tort de le punir comme voleur ; mais enfin, là, la question est encore discutable.

Elle ne l'est plus si, au lieu d'un chien, il s'agit d'une femme qui, sans doute possible, est douée d'un libre arbitre. Il peut y avoir conflit entre la liberté de la femme, objet prétendûment possédé, et celle de son prétendu possesseur ; cette possession n'est pas valable.

La maison, le champ de Pierre sont bien à lui, son chien tout juste, et sa femme pas du tout, ne lui en déplaise, et cela même si c'est lui qui la nourrit et subvient à tous ses besoins, à tous ses désirs même, car elle a le droit de préférer tenir sa subsistance et ses plaisirs des bienfaits de Paul plutôt que des siens. Impossible à la loi de considérer soit Pierre, soit Paul comme voleur, tant qu'il ne vole pas autre chose qu'une femme.

On voit donc quelle est l'amplitude de la zone d'action non délictueuse en matière de relations sexuelles ; cette zone n'a pour limite que l'empiétement sur les droits des tiers (en l'espèce les enfants), seul délit, seule illégalité sexuelle, ainsi que nous l'avons expliqué au chapitre précédent.

La liberté réciproque préside, ou tout au moins devrait présider à toute union d'un homme et d'une femme.

Si nous avons donné la société monogame comme le type le plus parfait de la civilisation, c'est à la condition, bien spécifiée, que la monogamie tienne compte des intérêts particuliers ou *droits* par la liberté initiale du mariage, en même temps qu'elle tient compte des intérêts sociaux ou *devoirs* par son indissolubilité.

Car les termes *intérêts particuliers* et *droits civiques* d'une part, *intérêts sociaux* et *devoirs civiques* d'autre part, sont absolument synonimes.

Quand cette condition de la liberté du mariage est remplie, le concubinage extra-légal atteint son minimum.

Sinon il augmente, ce qui est désavantageux pour la société, car la question des rapports sexuels extra-légaux est une des plus complexes et des plus difficiles qui se présentent au législateur, toujours au point de vue de l'intérêt des enfants, le seul dont il ait sûrement à se préoccuper.

Si les enfants sont en principe à la charge de leurs parents, ce qui est le cas dans la monogamie, le législateur se verrait condamner par la logique à instituer pour les enfants naturels la recherche obligatoire de la paternité, car il n'est pas juste de laisser toute cette charge à la mère dans l'état de notre civilisation où, la plupart du temps, les hommes seuls peuvent gagner leur vie.

L'enfant naturel laissé à la charge de la mère, c'est le plus souvent la mort pour l'enfant, ou la prostitution pour la mère, ou même les deux à la fois.

Mais la recherche de la paternité est illusoire dans ses résultats, puisqu'elle n'est étayée par aucun critérium certain fourni par la nature ou par la science.

Les erreurs de personnes qui seraient commises suffiraient à rendre cette recherche abusive. De plus elle est injuste à un certain point de vue, car puisque la loi n'accorde pas, et ne peut pas accorder aux ménages illégitimes cette quasi-assurance de paternité qui peut résulter, dans les ménages légitimes, des pénalités contre l'adultère féminin, cette même loi ne peut guère d'autre part imposer au père illégitime, même si on le découvre, les mêmes obligations qu'au père légitime relativement à ses enfants.

Reste alors l'expédient de mettre tous les enfants naturels à la charge de l'Etat ; mais il est à peine besoin de faire remarquer combien une telle solution serait injuste, au détriment des parents légitimes, obligés de payer d'abord directement pour élever leurs propres enfants, et ensuite indirectement, par le canal de l'impôt, pour élever les enfants des autres.

Tout ce que la loi pourrait et devrait faire dans cet ordre d'idées, ce serait d'accorder à tout le monde l'entière liberté de tester. Cette réforme, désirable à tous les points de vue, serait en particulier équitable pour les enfants naturels, que le père pourrait favoriser tout au moins dans les limites de sa propre conscience, ce qu'il ne peut même pas faire aujourd'hui, pour peu qu'il ait de la famille légitime. Mais ce ne serait encore là qu'un palliatif, n'ayant son effet que dans des cas exceptionnels, et on peut dire qu'il n'y a pas de vraie solution de la question des enfants naturels dans une société monogame.

Aussi, si la natalité illégitime devient très importante, c'est bien un signe que la nation est mûre pour passer de la monogamie à l'union libre, régime où *tous* les enfants sont élevés par l'Etat.

En sommes-nous là actuellement en France ? Peut-être, mais pas certainement, et nous répondrons ici comme nous avons répondu à cette même question à la fin du chapitre II, en proposant d'essayer d'abord une restauration de la liberté du mariage, conseil qu'à chaque détour de la présente étude nous sommes amenés à répéter.

Il y a des maîtres-policiers qui prétendent que le meilleur moyen de se débarrasser des malfaiteurs est de les enrôler dans la police ; de même pour diminuer le nombre des concubins, nous ne voyons pas de meilleure solution que de les amener à se marier, en supprimant les entraves légales au mariage, et en nous efforçant de réagir contre celles de ces entraves qui sont purement morales et résultent des préjugés.

Il faudrait par exemple que la loi permit à la femme mariée de disposer plus librement de ses biens ; nous ne parlons pas ici de la dot, institution que nous avons reconnue défectueuse, mais du produit de son travail et de ses économies personnelles.

Chez nous, une femme qui travaille ou qui a un petit commerce se dit : « si je me marie, « mon époux aura le droit de faire main-basse « sur tout ce que je gagne ; si je prends au « contraire un amant, il n'aura pas ce droit, et « je reste maîtresse de mon petit avoir. »

Il me semble que ce raisonnement qui, on ne doit pas en douter, augmente beaucoup le nombre des ménages illégitimes, est bien excusable chez celle qui le tient ; on ne peut pas en inférer qu'elle en soit arrivée à ce point d'égoïsme qui rejette les charges légitimes de la maternité et de la famille et qui, généralisé, indique qu'un peuple est mûr pour la suppression du mariage.

Parmi les préjugés qu'il faudrait combattre, en plus de ceux qui ont été cités au chapitre II, il en est un autre dont la place est mieux marquée ici.

C'est celui qui peut se formuler ainsi :

Un honnête homme ne peut épouser qu'une honnête femme.

Ah ! si le mot honnête était pris les deux fois dans le même sens, il n'y aurait rien à dire, la proposition serait inattaquable.

Mais il est loin d'en être ainsi.

Par honnête homme, on entend, et c'est le sens exact du mot honnête, un homme incapable de commettre un crime ou un délit, c'est-à-dire un attentat, soit contre les lois morales, soit contre les lois sociales nécessaires. On ne fait pas entrer dans le compte de l'honnêteté masculine l'usage ou l'abus que l'homme a pu faire de ses parties génitales antérieurement à son mariage.

Et par honnête femme qu'entend-on ?

Tout le contraire, et jamais terme ne fût phraséologiquement perverti comme l'adjectif honnête dans sa présente acception.

La femme peut être menteuse, voleuse, etc., avoir tous les vices humains et sociaux, cela ne détruit pas son honnêteté.

L'honnêteté de la femme est réputée se nicher exclusivement dans ses parties génitales. Une vierge est toujours le prototype de l'honnêteté ; ensuite, suivant l'état des mœurs, on en arrive à admettre qu'une utilisation antérieure du sexe, pourvu qu'elle ait été légère et discrète, ne constitue pas un accroc irréparable à l'honnêteté, mais enfin celle-ci est toujours estimée d'une façon inversement proportionnelle à l'usage dudit sexe, toute autre considération écartée.

Ce n'est même pas la *qualité* plus ou moins immorale, moins ou plus excusable des coïts, mais tout brutalement leur *quantité* qui influence notre jugement.

De ce singulier critérium on arrive à tirer naturellement de singulières conséquences. Voici, je suppose deux femmes :

1º Une femme mariée, dont tout le passé vous est connu : elle est d'une excellente famille, a reçu la meilleure éducation et sucé les plus excellents principes. Mariée d'une façon honorable et assortie, depuis son mariage elle a, ma foi, comme tant d'autres, fait un certain nombre d'accrocs, les plus décents possibles d'ailleurs, à la foi conjugale ;

2° Une femme galante, dont vous ignorez absolument l'existence antérieure. Tout ce qui transparaît chez elle, c'est qu'elle n'a pas reçu d'éducation.

Avec vos mirobolants principes sur ces matières, vous allez, à n'en pas douter, estimer *a priori* la première de ces deux femmes bien plus *honnête* que l'autre ; si elle devient veuve vous l'épouserez encore très bien, la seconde jamais.

Eh bien, vous êtes tout simplement absurde.

La première s'est toujours trouvée, à votre su, dans les circonstances les plus favorables pour se bien conduire ; elle ne l'a pas fait, ce qui dénote sûrement une malice naturelle chez elle.

Pour la seconde au contraire, son manque d'éducation semble indiquer qu'elle n'a pas été élevée dans les mêmes conditions. D'ailleurs, même en ne tenant pas compte de cette circonstance et eût-elle au contraire une bonne éducation, vous ne pouvez pas affirmer que c'est sa propre perversité qui l'a conduite au point où vous la voyez aujourd'hui, puisque, à l'inverse de ce qui a lieu pour la première femme, vous ne connaissez rien de son existence antérieure ; il y a donc au moins un doute dont celle-ci peut bénéficier et non pas l'autre.

A priori, et jusqu'à plus ample informé, vous devriez, au contraire de ce que vous faites, estimer la deuxième femme plus que la première.

Qu'on n'affecte pas de croire que nous donnons ici le conseil général d'épouser des prostituées plutôt que des veuves ; cette opinion serait encore plus absurde que celle contre laquelle nous nous élevons. Nous demandons simplement d'examiner dans chaque cas particulier la situation intrinsèque de la femme quelle qu'elle soit, c'est-à-dire, en un mot, de remplacer un *préjugé* par un *jugement.*

Ah ! n'insultez jamais une femme qui tombe.
Qui sait sous quel fardeau la pauvre âme succombe ?

s'est écrié Victor Hugo, un piètre raisonneur sans doute, mais un voyant, qui a souvent raison quand il ne raisonne pas, et se contente de chanter.

Et d'ailleurs, vous le sauriez, comment cette femme est tombée, que vous risqueriez encore, avec vos préjugés actuels, d'en tirer des conclusions inexactes.

Il court bien des légendes sur la chute des vierges.

Il y a d'abord une légende qui prétend que la plaie des jeunes ouvrières innocentes, ce sont les vieux messieurs riches, qui les mettent tout de go dans leurs meubles, en échange de leur vertu.

En réalité, si l'on en excepte le cas où les choses sont arrangées par quelque matrone experte, il y a bien peu de jeunes filles qui, livrées à elles-mêmes, prennent ce parti, qui serait un parti froidement raisonné ; et les femmes, nous l'avons vu au chapitre premier, ne raisonnent guère, sauf en amour, c'est-à-dire quand elles connaissent déjà l'amour, et non pas avant de le connaître.

Un vieux proverbe dit avec raison que c'est alors seulement que l'esprit vient aux filles.

Mettons que sur 100 jeunes filles du peuple il y en ait 5 livrées par des proxénètes et 3 qui se livrent elles-mêmes par intérêt raisonné, soit 8 0/0 pour l'ensemble des deux genres de chute qu'on pourrait appeler intéressés.

Une deuxième légende veut que la chute soit le plus généralement sentimentale, c'est-à-dire déterminée par les belles phrases d'un artiste, d'un étudiant, d'un homme enfin appartenant à une classe sociale plus élevée, et capable de faire vibrer l'Amour, avec un grand A, dans l'âme des vierges populaires. Nous aimons beaucoup lire de telles aventures dans les romans, parce que cela flatte notre fatuité d'hommes raffinés et sentimentaux.

Dans la réalité il n'y a peut-être pas 2 0/0 des chutes qui soient amenées de cette manière.

Les 90 0/0 chutes restantes ne sont ni intéressées ni sentimentales, mais tout simplement naturelles. Elles ont lieu entre jeunes filles du peuple et jeunes gens de leur classe, sans que les premières aient la moindre idée (et les seconds pas beaucoup plus d'ailleurs) de l'importance que nous, esprits lettrés des classes supérieures, attachons à cet événement, car la notion de cette importance n'est pas innée, surtout chez la femme, ainsi que nous l'avons fait observer au chapitre Ier.

Plusieurs jeunes gens du peuple m'ont affirmé ne s'être aperçus, en pareille circonstance, de la virginité de leurs partenaires qu'en en perpétrant la défloration. Elles avaient négligé de les en avertir !

Nous ne parlons ici que du peuple, dira-t-on.

Sans doute, puisque les jeunes filles des classes dirigeantes sont censées n'être jamais déflorées avant le mariage.

Si elles le sont parfois, cela ne se passe peut-être pas tout à fait de la même façon, mais ce ne sont que des exceptions qui n'influent pas sur les statistiques d'un pays.

Les prorata que nous avons donnés seraient aussi un peu modifiés si, au lieu de considérer l'ensemble des jeunes filles, nous ne tenions compte que de celles qui sont particulièrement jolies.

Celles-là évidemment étant plus remarquées et recherchées, les chutes intéressées et sentimentales en absorbent une proportion un peu plus forte ; mais les femmes particulièrement jolies ne sont que l'infime exception et n'influent pas non plus sur les statistiques.

C'est encore un préjugé d'origine littéraire de se figurer que tout est perdu pour un homme s'il ne rencontre pas, pour lui donner la réplique dans le duo d'amour, une partenaire de toute première beauté.

Ce serait malheureux s'il en était ainsi, et voilà du coup une notable portion de l'humanité qui serait condamnée à ignorer les joies amoureuses.

Je veux bien admettre que les jolies femmes sont plus aimées, mais elles ne le sont pas exclusivement, comme on voudrait nous le faire croire.

Sur ce point encore, Zola a réagi vers la logique et vers la vérité. Ses héroïnes, mêmes les plus aimées, ne sont pas toujours des femmes vraiment belles. Il indique et souligne seulement le charme particulier qu'elles peuvent avoir ; et là, il est bien dans la généralité, car si les très jolies femmes sont une exception dans la nature, les déshéritées totalement dépourvues de charme sont une exception bien plus infime encore.

C'est une douceur de sourire, c'est une inflexion de voix, une expression du visage, c'est un rien souvent, et ce rien est encore un charme, ou plutôt c'est encore *Le Charme,* l'éternel charme féminin, un et multiple, étreignable et fuyant, fait de matérialité et d'au-delà, dont l'arôme subtil, vainqueur des siècles et de la mort, suffit depuis que l'humanité existe pour faire flamber victorieusement dans nos âmes d'hommes cette appétence vers la vie, qu'est en définitive l'amour.

Ceci, Schopenhauer l'a superbement développé : l'amour, c'est la *Volonté* de l'espèce, invariablement tendue vers la pérennité, c'est l'appel impatient des générations futures, qui veulent vivre à leur tour.

Sans cela, comment expliquer par exemple

que les organes féminins de l'allaitement, fonction dans laquelle l'homme n'a pourtant rien à faire, soient le siège d'élection des désirs masculins presqu'au même degré que les organes de la conception ? C'est parce que le génie de l'espèce veut magnifier à nos yeux tout ce qui sert directement à la perpétuer.

Et comment supposer que ce génie de l'espèce irait se rapetisser en conférant aux jolies femmes seules l'exercice de son pouvoir et le champ de nos désirs ?

Admirer une belle femme, c'est de l'art ; étreindre une femme quelconque, c'est de l'amour ; deux choses qu'il ne faut pas confondre. C'est un peu un défaut des Français de faire l'amour en artistes, et l'art en amants, au lieu de faire l'un et l'autre, simplement, en hommes.

Si nous nous trompons souvent sur les causes qui, dans l'état de notre civilisation, amènent le plus généralement la chute ou la défloration des jeunes filles, nous nous trompons encore davantage en faisant ces deux mots synonymes.

Il y a là une vraie injustice, à la fois au point de vue moral et au point de vue social.

Au point de vue moral, nous n'avons pas le droit de réprouver *a priori* un acte qui, comme tout acte, n'est jamais moral ni immoral par lui-même, mais n'acquiert ces attributs qu'en vertu des circonstances et des intentions. —

Il est bien certain que dans la majorité des cas, la défloration d'une vierge n'enlève rien à son honnêteté, dans le sens que nous devrions donner à ce mot ; s'il y a intention immorale, elle est presque toujours du côté de l'homme qui la déflore.

Non, ce n'est pas quand une femme se donne ou est prise pour la première fois qu'on peut dire qu'elle tombe. Et même plus tard, beaucoup plus tard, quand elle est vraiment tombée, et si bas qu'elle soit, il est encore injuste de lui attribuer une part d'immoralité plus grande qu'aux complices masculins de ses débauches.

La femme qui va d'homme en homme, parfois par besoin, n'est pas plus immorale que l'homme qui va de femme en femme, toujours par plaisir ; elle l'est même moins car elle a une excuse : la difficulté pour une femme de gagner honorablement sa vie dans notre société.

Au point de vue social, nous n'avons pas le droit non plus de dire que du jour même de sa défloration, et quelle qu'en ait été la cause, la femme est à jamais inapte à remplir le rôle de mère de famille, qui est son rôle social par excellence.

L'activité sexuelle extra-légale, antérieure au mariage, est tenue chez l'homme pour expérience, sage maturité, est réputée en un mot gage de sécurité pour l'avenir de son ménage; chez la femme au contraire, c'est à nos yeux un présage déplorable ; ceci est bien évidemment absurde ; nous n'irons pas jusqu'à prétendre qu'il faudrait affirmer le contraire, mais, des deux, le contraire serait pourtant moins illogique.

Voici en effet un jeune homme et une jeune fille qui l'un et l'autre ont gardé leur innocence jusqu'au mariage. Lequel des deux présente le plus de garantie pour l'avenir?

En thèse générale, nous n'en savons rien,

mais, dans l'état actuel de nos mœurs, ce sera plutôt le jeune homme, car c'est par libre réflexion qu'il aura conservé sa virginité, au lieu que la jeune fille, séquestrée par nos usages d'éducation, n'aura peut-être gardé la sienne que contrainte et forcée.

Inversement, voici un homme et une femme qui ont tous deux également rôti le balai, chacun de son côté ; duquel faut-il le mieux augurer pour un avenir conjugal ?

Ici, toutes choses égales d'ailleurs, c'est de la femme, car elle pourra devenir mère, et la maternité, par sa nature même, par son exclusivité, par ses sujétions matérielles surtout, est un instrument d'assagissement pour la femme bien plus puissant que la paternité pour l'homme.

Nous ne prétendons pas exagérer l'importance de ces raisons, mais enfin elles existent, au lieu qu'il n'en existe aucune pour étayer l'opinion, le préjugé contraire.

Pour détruire les préjugés, les lois n'ont évidemment aucune action ; en ces matières, comme en bien d'autres, les lois sont obligées de suivre les mœurs, et ne peuvent les précéder.

A défaut des lois positives, il y a lieu de recourir à l'éducation des mœurs par tous les agents éducateurs, et en particulier par la littérature, et nous saisissons ici l'occasion de réhabiliter à ce nouveau point de vue la littérature sentimentale, que nous avons quelque peu malmenée au chapitre Ier.

Nous pouvons le faire sans être en contradiction avec nous-mêmes et voici pourquoi :

Nous avons professé qu'en sociologie ce sont les idées qui doivent régir les sentiments, et non pas l'inverse.

Les idées sont objectives ; elles sont vraies ou fausses, suivant qu'elles sont le résultat de raisonnements corrects ou incorrects.

Les sentiments sont subjectifs ; ils ne sont ni vrais ni faux, ils sont simplement humains ou extra-humains.

Quand nous avons proclamé les idées comme devant être les directrices de la science sociale, nous avons entendu parler des idées vraies ; les idées fausses, dont font justement partie les préjugés, sont au contraire inférieures aux sentiments, et, pour redresser les idées fausses dans l'esprit de la majorité non cultivée, nous pouvons fort bien accepter comme auxiliaire la sentimentalité, mieux accessible à la mentalité générale populaire, pourvu que ce soit de la sentimentalité humaine, et non pas extra-humaine.

Citons un exemple pour mieux nous expliquer :

Un des précurseurs de la littérature sentimentale contemporaine, ç'a été certainement Alexandre Dumas fils avec sa *Dame aux camélias*.

Eh bien, nous disons qu'à l'inverse de bien des œuvres qui l'ont imité, ce livre, destiné à combattre un des préjugés que nous avons indiqués dans le présent chapitre, celui qui suppose que toutes les femmes dites de mœurs légères sont, globalement, indignes d'être aimées ou épousées, ce livre, disons-nous, est une œuvre de sentimentalité légitime parce qu'humaine.

Elle est humaine, parce que depuis cinquante ans, tous les jours, dans tous les pays du monde, des milliers d'yeux pleurent en lisant dans le roman ou en suivant sur la scène l'aventure d'Armand Duval et de Marguerite Gautier.

Et cela est probant.

Un homme, pris individuellement, peut mal juger les sentiments contenus dans une œuvre d'art.

Une foule, réunie accidentellement, aussi ; même une chambrée de théâtre, bien que ce ne soit plus là une foule accidentelle, mais une assemblée ayant une certaine compétence, puisqu'elle est composée d'amateurs, ayant le goût du théâtre, et, en art, il n'y a pas d'autre jugement que le goût.

Mais la foule, répétée dans le temps et dans l'espace, la foule permanente, la foule des foules, ne peut se tromper dans les questions artistiques.

C'est comme au jeu de la roulette ; la logique et la vérité veulent que la rouge et la noire sortent également. Un jour, deux jours, dix jours des séries accidentelles pourront paraître infirmer cette loi ; totalisez les points pendant cin-

quante ans, vous verrez reparaître inéluctablement, avec l'égalité des rouges et des noires,
cette logique et cette vérité.

Nous ne prétendons pas affirmer que l'œuvre
de Dumas atteigne l'excellence absolue, objec-
tive, sous aucune des trois faces que nous
savons lui nommer : le vrai, le beau ou le
bien.

Cela, nous l'ignorons, parce que c'est une
œuvre toute de sentiment et que le sentiment
n'est pas objectif ; nous affirmons seulement
que cette œuvre est humaine, et cela suffit
pour que la sociologie en accepte la collaboration.

« *Homo sum, et humani nihil a me alienum*
« *puto.* »

« Je suis homme, et j'estime devoir ne me
« désintéresser de rien de ce qui est humain. »

Le sociologue, plus que tout autre, doit méditer cette belle et grave parole du penseur
latin, s'il veut se garantir (et il le doit) des systèmes trop théoriques et des solutions trop
absolues, comme celle, si commode, qui consisterait à identifier purement et simplement

les lois morales et les lois sociales, et contre laquelle nous nous sommes élevés si souvent.

Quand un sentiment est humain, ne fût-il pas moral, il devient social.

Ce que nous avons réprouvé au chapitre Ier, c'est la sentimentalité insociale parce qu'inhumaine, inhumaine parce qu'exceptionnelle, au point d'en être tératologique, dont la littérature contemporaine, fille dévoyée d'Alexandre Dumas fils, nous offre, hélas, tant d'exemples.

Après avoir traité la question du concubinage il nous reste, pour terminer le chapitre relatif aux relations sexuelles extra-légales, à dire quelques mots de la prostitution.

La prostitution, à vrai dire, ne se rattache que d'une façon très accessoire à la présente étude, car, alors que nous traitons ici les questions sociologiques sentimentales, la prostitution rentre plutôt dans l'ordre des questions économiques.

La prostitution est un luxe.

La grande majorité des hommes n'ont pas les ressources nécessaires pour demander à l'amour tarifé la satisfaction de la totalité de leurs désirs, ni comme quantité, ni comme qualité ; il faut donc qu'ils soient déjà pourvus autrement.

La prostitution suppose de toute façon la question sentimentale résolue au préalable, car les hommes mêmes dont les ressources pécuniaires sont suffisantes, ne cherchent guère dans leurs rapports avec les prostituées qu'un surcroît, un extraordinaire de jouissances, et seraient bien malheureux s'ils n'avaient pas leur ordinaire sentimental assuré d'autre part.

Si nous considérons la prostitution du côté féminin, nous voyons qu'il y a deux catégories de prostituées :

1° Celles qui ont embrassé cette carrière par goût, c'est-à-dire qui aiment mieux se livrer au commerce lucratif de la galanterie que de se contenter de l'ordinaire, matériel et sentimental, usuel pour leur sexe.

Observons en passant que l'existence de cette catégorie prouve une fois de plus à quel point les femmes sont moins sentimentales en amour que les hommes.

Il y a bien peu d'hommes qui, même pour

satisfaire des goûts de lucre, accepteraient une renonciation aux joies sentimentales aussi complète que celle qui consiste à feindre à toute heure l'amour, même envers les femmes les plus répugnantes. L'Alphonsisme le plus aigu, s'arrête encore en deçà de ce qu'on devrait appeler le métier d'*homme public*, par analogie avec celui de la *femme publique*.

2° Celles qui se prostituent par nécessité, n'ayant pas trouvé le moyen matériel de vivre autrement.

Certes le législateur doit, autant qu'il est en lui, tendre à empêcher qu'une telle nécessité puisse jamais s'imposer aux femmes, c'est-à-dire s'efforcer d'arranger les choses pour qu'elles puissent toujours trouver à gagner honorablement leur vie ; mais tous les moyens qui s'offrent à lui pour poursuivre ce but sont d'ordre économique, et leur énumération serait par conséquent étrangère à notre sujet actuel.

Quant aux acteurs volontaires de la prostitution ; quant aux hommes et aux femmes qui, déjà pourvus par la société des moyens d'atteindre ce qui est nécessaire à leur existence matérielle et sentimentale, cherchent néanmoins, de leur propre gré, les premiers un supplément de jouissances, les secondes un supplément de revenus dans les relations galantes, ils exercent entre eux un commerce pur et simple, identique à tous les autres commerces de luxe, et justiciable par conséquent de la seule loi économique de l'offre et de la demande.

La loi positive n'a rien à y voir, sauf, comme pour tous les commerces, dans le cas de danger pour la sécurité ou la santé publique.

Tout ceci est bien connu et ne demande aucun développement.

Un mot pourtant sur ce genre de délit, spécial au commerce de la galanterie, qu'on a récemment baptisé du nom d'*entolage*.

Quand le plaignant parvient à prouver qu'on lui a réellement extorqué, par ruse ou par violence, plus qu'il n'avait été promis par lui et accepté par sa partenaire, ou quand celle-ci parvient à prouver le contraire, l'aventure est banale ; c'est une affaire de vol pure et simple.

Mais il n'en est pas toujours ainsi, et le cas le plus fréquent comme le plus intéressant est celui où, faute de pouvoir établir aucune preuve, le juge se trouve en présence simplement d'un monsieur qui dit : « on m'a pris trop cher ! » et d'une dame qui répond : « Monsieur le juge, ça valait ça. »

Question embarrassante ! Il y a plus d'un critérium pour déterminer équitablement le prix d'une marchandise, et il n'est pas toujours facile de savoir lequel choisir.

S'il s'agit par exemple de l'achat d'une demi-douzaine de mouchoirs de poche, on prend le prix de revient des mouchoirs, plus un bénéfice honnête pour le marchand, et c'est tout.

On ne fait pas payer les mouchoirs de poche plus cher à un ministre qu'à un cantonnier, parce qu'ils ne rendent pas un plus grand service à l'un qu'à l'autre.

S'il est question de rémunérer les soins donnés par un médecin, en plus du terme précédent qui est relatif à la marchandise et au vendeur (amortissement des frais d'études médicales, plus bénéfice honnête du docteur) il semble qu'on doive faire intervenir un second terme, relatif à l'acheteur lui-même.

Si le malade est un homme considérable par sa situation et ses richesses, on peut légitimement supposer qu'il estime davantage la conservation de sa vie que s'il était pauvre et infirme.

Ce faisant, il se trompe peut-être, mais, du moment que lui-même pense ainsi, cela suffit pour lui créer le devoir d'augmenter les honoraires de son médecin d'une somme proportionnelle à l'importance qu'il s'attribue.

Dans le cas qui nous occupe, c'est encore plus compliqué que cela. En plus du terme intrinsèque au vendeur, et du terme intrinsèque à l'acheteur, il y a lieu d'ajouter dans le prix de la marchandise un troisième terme, intrinsèque *aux relations* entre le vendeur et l'acheteur.

Un homme riche doit plus à son docteur qu'un homme pauvre, avons-nous dit, mais il ne doit pas plus à tel docteur qui lui a sauvé la vie, qu'il ne devrait à tel autre qui la lui aurait sauvée également ; il n'y a pas de différence encore dans l'*intensité* du service rendu.

Dans le genre de transaction commerciale

que nous envisageons, il peut y avoir au contraire bien des différences dans l'intensité du
service rendu ; et cela, non seulement suivant
des causes appréciables : beauté de la dame,
abstinence préalable plus ou moins longue du
monsieur, etc., mais encore suivant une infinité
de raisons circonstancielles qui échappent à
l'analyse.

Alors que doit dire le juge ?

Il doit dire : « Monsieur, Madame, ceci est
« une cause trop difficile pour moi ; je vous
« renvoie dos à dos. Vous, Monsieur, n'empor-
« tez à l'avenir dans de pareilles expéditions
« que la somme que vous voudrez y consa-
« crer ; Vous, Madame, voyez s'il vous con-
« vient de vous en contenter ; et, dans tous
« les cas, ne revenez plus me voir, car je ne
« pourrais rien pour vous ».

Pour avoir, au cours de la présente étude,
couru sus aux préjugés chaque fois que l'occasion s'en est rencontrée, nous avons certainement encouru parfois un reproche, que nous

entendons d'ici, le reproche de n'*avoir pas de principes.*

On confond en effet volontiers les principes et les préjugés.

Dans le langage usuel, il n'y a guère entre ces deux termes que la nuance qu'il y avait entre les deux adjectifs démonstratifs latins *ille* et *iste*, c'est-à-dire que l'un est pris en bonne part, et l'autre en mauvaise.

Par principes, on entend les préjugés qu'on approuve ; par préjugés, on désigne les principes qu'on n'approuve pas.

On dit volontiers : « j'ai des principes » et : « un tel a des préjugés » et au fond on veut dire absolument la même chose.

Cette quasi-similitude d'acception est une grave erreur ; bien loin que ces deux termes soient synonymes, il s'en faut de bien peu qu'ils ne soient diamétralement contraires.

Un préjugé, c'est une conclusion sans prémisses, c'est l'opinion d'autrui acceptée toute faite, c'est l'absence de tout jugement personnel.

Un principe, au contraire, c'est ce qui est la

base indispensable de tout jugement personnel ; c'est une proposition générale qui fournit la première prémisse, la majeure d'un syllogisme, dont la mineure est donnée par les circonstances du cas particulier envisagé, et dont la conclusion est le jugement que l'on doit prononcer sur ce cas.

Dans le chapitre III, en parlant de l'adultère, si nous avions émis l'une des deux sentences suivantes :

L'adultère est punissable.

ou :

L'adultère n'est pas punissable.

c'eût été un double exemple de préjugés, car ce sont là des conclusions dont on n'aperçoit nullement les prémisses.

Au lieu de cela nous avons énoncé l'aphorisme suivant :

Est punissable par les lois non pas ce qui est contraire à la morale en soi, mais ce qui porte préjudice aux concitoyens.

Ceci est réellement un *principe*, et la connaissance de ce principe nous garantit justement des préjugés précédemment cités, car cette proposition majeure entraîne la mineure suivante :

Or, il y a des cas où l'adultère porte tort, et d'autres cas où il ne porte pas tort aux concitoyens.

Et, non moins naturellement, la conclusion :

Donc l'adultère est punissable dans les premiers cas, et non dans les seconds.

La confusion que nous venons de signaler est une des plus regrettables, en même temps que des plus communes, qui se puissent commettre en sociologie, car, si les principes sont la meilleure sauvegarde d'une société, les préjugés en sont le pire dissolvant.

LA RELIGIOSITÉ

CHAPITRE PREMIER

L'importance de la question religieuse dans un État, au point de vue politique, bien qu'exagérée par quelques-uns, n'en est pas moins très réelle et apparaît à chaque instant dans l'histoire.

Edgard Quinet a écrit :

« Si les institutions politiques d'un peuple ne « dérivent pas de ses institutions religieuses ; « si entre les unes et les autres il y a contra- « diction ; si, pour passer de la hiérarchie reli- « gieuse à la hiérarchie politique, il faut chan- « ger de principe, la vie de ce peuple n'est « pas un développement normal, mais une suite « de révolutions. »

Ces paroles sont profondément vraies.

C'est peut-être pour avoir conservé des dieux terribles dans un siècle prospère et doux que Carthage a péri, et qui sait si la Rome païenne ne doit pas sa déchéance finale à ce qu'elle a, au contraire, conservé des dieux trop doux dans les siècles redevenus âpres des invasions barbares.

Mais si presque tous admettent cette importance politique de la question religieuse, beaucoup se trompent dans la raison qu'ils en donnent.

On croit assez généralement en effet que c'est la religion qui, inculquée par l'éducation et perpétuée par l'atavisme, façonne à son gré et à son image l'âme d'un peuple. Cette croyance erronée repose sur une confusion entre le dogme religieux et la morale religieuse.

En ce qui concerne la morale, l'opinion précédente est exacte. Il est vrai que la morale, par l'action combinée de l'éducation et de l'atavisme, influe sur les mœurs, les idées, la façon de vivre et de sentir, en un mot sur le développement et l'évolution d'une race.

Mais, dans une religion, la morale n'est pas la partie principale, ni la partie caractéristique.

La morale peut se concevoir indépendamment de toute religion, et dans les diverses religions, au moins pour une même période de civilisation, les morales enseignées sont au fond peu différentes.

Ce n'est donc pas la morale, mais bien le dogme qui est la partie essentielle d'une religion.

Dans la définition *per genus et speciem* d'une religion, c'est la morale qui est *genus*, et c'est le dogme qui est *species*.

Or le dogme, bien loin d'être parmi les causes qui créent la mentalité d'une race, est au contraire un effet direct de cette mentalité ; car le dogme est un ensemble d'hypothèses et c'est justement dans les hypothèses et non dans les raisonnements, dans les articles de foi et non dans les thèses scientifiques, que se révèle la variété des mentalités humaines.

Si Dieu a fait l'homme à son image, l'homme le lui rend bien, dit avec vérité une boutade célèbre.

Pour traiter à fond cette question comme elle le mérite, voyons les raisons qui ont amené la formation, chez l'homme primitif, des premières hypothèses dogmatiques, modifiées ensuite par les temps et les circonstances.

Une des premières constatations que fait l'homme, c'est qu'il y a des choses qu'il *peut* faire, par sa seule volonté, et d'autres qu'il ne *peut pas* faire.

Il peut soulever un caillou, mais non un gros bloc de rocher ; il peut se mouvoir en tous sens sur la surface de la terre, mais non s'élever dans les airs, etc.

Il possède donc une certaine *liberté*, mais non une *liberté infinie*.

Ceci est une notion à la fois primordiale et absolument générale, qui n'a pu manquer de se faire jour chez tous les hommes et dès les premiers âges de l'espèce humaine.

Et, parmi les choses que nous ne pouvons pas faire, qu'on ne vienne pas dire qu'il y a des cas où nous comprenons le pourquoi de cette impuissance et d'autres cas où nous ne le comprenons pas.

Quand l'homme primitif dit : « je ne puis soulever ce rocher parce qu'il est trop lourd ; je ne puis y voir parce qu'il fait nuit ». Ce ne sont point là des explications.

Quand l'homme civilisé apprend que la pesanteur est une attraction vers le centre de la terre, et que la nuit est causée par la rotation de notre globe, qui empêche tour à tour chacune de ses faces d'être éclairée par le soleil, ce ne sont point encore des explications.

Pourquoi les masses s'attirent-elles entre elles, et pourquoi les planètes sont-elles animées d'un mouvement de rotation ?

Les prétendues explications scientifiques ne sont que l'observation de *rapports*, plus ou moins constants, entre des effets dont les causes nous demeurent inconnues.

En réalité l'homme ne comprend pas plus, au sens intellectuel du mot, les lois et l'essence de la nature visible et sensible, qu'il croit parfois expliquer par des mots, que les lois et l'essence de la divinité.

Il n'y a pas, à nettement parler, une *physique*

et une *métaphysique*; il y a seulement une *liberté* et une *métaliberté*.

Cette dernière distinction n'est bien entendu que subjective, mais elle a l'avantage de l'être franchement ; au lieu que la première, qui l'est tout autant, affecte par ses termes une préten-tion injustifiée à l'objectivité.

Ceci étant, l'homme, entraîné par sa curiosité naturelle et par le désir d'étendre la zone d'ac-tion de sa liberté, va d'abord raisonner pour essayer de s'expliquer ce qu'est, en soi, cette métaliberté à laquelle il se heurte à chaque instant.

Que nous indiquera le raisonnement sur ce sujet? Pas grand chose au total, comme nous l'allons voir.

Il indiquera d'abord que l'expression empiri-que de *fatalité*, qui sert communément à dési-gner la métaliberté, est encore subjective.

Les phénomènes qui ont lieu en dehors de la volonté humaine ne présentent un caractère de fatalité que d'une façon relative et par rapport à notre entendement ; mais, objectivement, cette fatalité prétendue ne peut être qu'une liberté ;

une liberté, comme la liberté humaine, ne peut être bornée, c'est-à-dire en définitive primée que par une autre liberté plus grande, et non par une fatalité.

Supposons un homme qui se rend de sa maison à son jardin tous les jours à la même heure et par le même chemin; supposons que sur la route qu'il parcourt ainsi se trouve une fourmilière.

Chaque jour l'homme en passant écrasera un certain nombre de fourmis. Celles-ci paraîtront fondées à se dire qu'il existe une loi fatale qui veut que tous les jours à la même heure quelques-unes d'entre elles soient tuées par un même phénomène inéluctablement périodique : le passage d'un homme.

Eh bien, ce disant, les fourmis se tromperont pourtant, car ce passage, bien que périodique, n'est pas le fait d'une fatalité, mais d'une liberté, celle de l'homme qui, pour des raisons à lui connues et inconnues aux fourmis, a trouvé bon de passer ainsi tous les jours à la même heure par ce chemin, mais qui pourrait fort bien, s'il le voulait, aller à son jardin à une autre heure, ou par une autre route, ou ne pas y aller du tout.

Nous commettons la même erreur que les fourmis susdites si nous attribuons à une fatalité les lois physiques et naturelles qui, tout inéluctables qu'elles nous paraissent, ne sont que des rythmes de mouvement qu'une liberté supérieure à la notre a trouvé bon d'établir, pour des raisons à elle connues et à nous inconnues.

Un rythme d'un mouvement d'une liberté, telle est en dernière analyse la définition de la prétendue fatalité, car la *liberté*, qui est une *force*, a pour effet, et pour effet unique, comme toute force, le *mouvement*.

S'il est vrai en effet que tout mouvement a pour cause une force, il est aussi vrai, quoique moins évident, que toute force produit un mouvement.

Voici un caillou reposant sur le sol! Il est soumis à l'influence de deux forces (1) : la pe-

(1) Ceci est une simple comparaison et non une démonstration mécanique ; nous faisons abstraction de bien des forces, pression atmosphérique, vent, etc., dont l'introduction compliquerait le raisonnement sans modifier la conclusion.

santeur et la réaction du sol. Ces deux forces s'équilibrent, direz-vous; s'équilibrant, elles réalisent l'immobilité, tout au moins relative, c'est-à-dire que voilà deux forces qui ni l'une ni l'autre ne produisent de mouvement.

Erreur. Supposez que la pesanteur disparaisse ou diminue (par exemple si au lieu d'un caillou c'était un aérostat) ; aussitôt l'objet va s'élever dans l'air.

Supposez que la réaction du sol disparaisse ou diminue (par exemple si le sol était plus mou à cet endroit); et aussitôt l'objet va s'abaisser vers le centre de la terre.

Dans les deux cas, la trajectoire que le caillou, comme tous les objets terrestres, décrit autour du soleil, serait modifiée. Chacune des deux forces, que vous croyez s'équilibrer, a pour résultat de maintenir à chaque instant une modification à la trajectoire du caillou.

Or, la modification d'une trajectoire, qu'est-ce autre chose qu'un mouvement ?

Les forces, prétendûment en équilibre, produisent donc bel et bien aussi un mouvement.

Le mouvement, résultat unique et nécessaire de toute force, peut d'ailleurs exister dans l'espace ou dans le temps.

Prenons pour exemple la force dénommée liberté humaine.

Elle consiste, n'est-ce pas, dans la faculté que nous avons de décider soit une chose, soit une autre, parmi toutes celles que nous permet la métaliberté ; cette faculté peut nous amener parfois à un simple changement interne d'idées, d'opinions, qui ne se manifeste par aucun mouvement dans l'espace ; mais ce changement interne d'opinions est alors toujours un mouvement dans le temps.

Aujourd'hui par exemple nous tenons en haute estime telle personne de nos connaissances; demain, pour une raison quelconque, cette estime viendra à décroître; ceci est bien un effet direct de notre liberté, un effet qui ne pourrait pas se produire si nous n'étions pas libres. Eh bien, cette décroissance d'estime, nous pouvons la figurer par une courbe diagramme dont les abscisses seront les temps et les ordonnées les valeurs successives, positives ou négatives, de notre estime pour la personne en question.

Or tout diagramme ayant les temps pour une de ses coordonnées révèle un mouvement dans le temps.

Si nous considérons, non plus la liberté humaine, mais la métaliberté, nous voyons les mêmes phénomènes :

Une planète accomplit une révolution autour de son soleil, c'est un mouvement dans l'espace : cette planète passe de l'état gazeux à l'état liquide, puis à l'état solide, c'est un mouvement dans le temps ; l'un et l'autre sont, comme tout mouvement, le fait d'une force, c'est-à-dire d'une liberté.

Car si toute liberté est une force, toute force est également une liberté ; l'expression force aveugle est subjective ; cela signifie que nous ne la voyons pas, et non qu'elle n'y voit pas elle-même. La force qui fait marcher régulièrement une machine industrielle est une liberté humaine ; la force qui en produit accidentellement la rupture est une métaliberté ; toutes les deux sont des libertés.

La fatalité, qui serait le contraire de la liberté, ne peut exister objectivement, car, comme la liberté est identique à la force, dans son essence, et au mouvement, dans son effet, son contraire serait identique à l'inertie (1) et à l'immobilité, et l'inertie et l'immobilité n'existent pas.

Ce qui précède démontre que le raisonnement suffit à nous faire connaître que ce qui est, par rapport à nous, la fatalité ou métaliberté, est en soi une liberté supérieure à la nôtre.

Cette liberté supérieure à la nôtre est-elle unique et infinie ?

Ou bien la ou les libertés qui priment immédiatement la nôtre sont-elles à leur tour primées par une ou plusieurs libertés encore supérieures ?

Et dans ce dernier cas, ces libertés supérieures, sont-elles, oui ou non, primées elles-mêmes, après un nombre de degrés intermédiaires plus ou moins grand, fini ou infini, par une dernière liberté unique et infinie ?

---

1. Le mot inertie n'est pas pris ici dans le sens usuel qu'il a en mécanique ; nous l'employons, faute d'autre terme, pour

C'est ce qu'il est impossible de savoir; car il n'est pas impeccable le raisonnement assez usuel d'après lequel des libertés finies croissantes devraient aboutir en dernier ressort à une liberté infinie.

Une progression arithmétique ou géométrique croissante dont les termes croissent à l'infini comporte-t-elle vraiment un dernier terme de grandeur infinie?

Oui, répond-on le plus souvent, peut-être un peu à la légère.

On ferait mieux de se borner à répondre : probablement. Car enfin, s'il y a un nombre infini de termes, il n'y a pas de dernier terme, et comme le dernier seul pourrait être infini, puisque tous les précédents, jusqu'à l'avant-dernier inclusivement, comportent au moins un terme plus grand qu'eux, il n'y aurait pas, à ce compte, de terme de grandeur infinie.

L'infini existe-t-il réellement? Question grandiose mais insoluble pour l'esprit humain;

exprimer le *contraire* de la force, dont le nom n'existe pas plus que la chose.

nous ne pouvons pas, nous n'avons pas la liberté de le savoir, et c'est là justement l'exemple d'ı ı des confins de la liberté humaine et la métaliberté.

Cette liberté supérieure à la nôtre, quoique peut-être pas infinie, qu'est en soi la métaliberté, comment se détermine-t-elle ? Comment prend-elle ses décisions ? Ceci est aussi un point difficile à éclaircir.

Nous ne possédons pour cette recherche d'autre méthode logique que la comparaison avec la façon dont se comporte notre propre liberté.

Notre liberté se détermine d'après les tendances de notre sensibilité, passées dans chaque cas particulier au crible du raisonnement de notre intelligence.

Les tendances de notre sensibilité peuvent toutes se rapporter à deux tendances générales : l'égoïsme et l'altruisme.

Mais tout cela ne peut pas s'appliquer à la métaliberté ; on ne peut dire que la métaliberté soit altruiste, si elle existe seule ; ni égoïste, puisqu'elle est peut-être infinie ; ni intelligente, puisque ce que nous nommons intelligence, c'est la compréhension des effets et des causes *extérieurs* à notre propre liberté, et qu'il n'y a rien d'extérieur à la métaliberté, si elle renferme tout.

La méthode logique ne nous donne donc aucune notion précise sur le principe du fonctionnement de la métaliberté ; mais, par contre, la méthode expérimentale nous permet de reconnaître une chose.

L'histoire nous apprend que depuis les hommes primitifs jusqu'à nos jours, le champ de la liberté humaine est allé s'accroissant toujours, d'une façon plus ou moins lente, avec des périodes de stagnation et des instants de rétrogradation relative si l'on veut, mais en somme d'une façon continue.

Il y a beaucoup de choses que nous *pouvons* faire aujourd'hui, et que nos ancêtres ne *pouvaient pas* faire ; par exemple, se rendre de Paris à Marseille en douze heures ; par exemple, choisir pour nos vêtements entre un grand nombre de tissus divers, et pour notre nourriture entre un grand nombre de substances, etc., etc.

Or, si la métaliberté, qui borne et prime notre liberté, lui donne pourtant un champ d'action croissant d'une façon continue, on peut dire que cette métaliberté, en soi, est bienveillante, *bonne* en quelque sorte, ce terme étant employé faute d'autre et ne coïncidant pas tout à fait avec sa signification humaine, qui est synonyme d'altruiste.

Une liberté *supérieure* à la nôtre, *infinie* probablement, et *bonne* certainement ; voilà donc tout ce que le raisonnement peut nous indiquer sur l'essence de la métaliberté.

C'est peu, et encore faut-il, pour arriver à ce peu, être en possession de données historiques qui manquent à la plupart des hommes, car la grande majorité, même aujourd'hui chez les peuples civilisés, ignore absolument que la liberté humaine est allée toujours en croissant d'une façon continue.

Ce serait peu connaître l'homme que de croire qu'il va se contenter de ces faibles notions raisonnables, surtout sur un sujet si intéressant pour lui, car l'augmentation possible de sa liberté, c'est-à-dire de son bonheur, est ce qui lui importe le plus.

Comme il pense constamment à tout ce qui manque à sa liberté, à tout ce qu'il voudrait faire et qu'il ne peut pas faire, il en est en quelque sorte obsédé, et, comme cela a toujours lieu en cas d'obsession, il en arrive à se représenter par l'*imagination*, faute de pouvoir le faire par le raisonnement, cette métaliberté à la fois secourable et gênante, secourable en ce qu'elle lui permet certaines choses, gênante en ce qu'elle lui en défend d'autres, mais sûrement existante.

Et on voit clairement comment, dans la formation de ces *images* de la métaliberté, qui sont à proprement parler les *Dogmes* des religions, la mentalité diverse des hommes peut et doit jouer un grand rôle.

C'est d'ailleurs la mentalité *sentimentale*, à laquelle appartient l'imagination, qui peut seule entrer en jeu, puisque, nous venons de le voir, la mentalité intellectuelle est presque impuissante en ces matières.

De là la variété des dogmes, puisque l'imagination est multiple, alors que la raison est une.

L'impuissance de la raison ne s'applique d'ailleurs qu'à la méthode de synthèse de la métaliberté ; mais il n'en est pas de même de la méthode d'analyse, où l'intelligence reprend ses droits.

L'analyse de la métaliberté, c'est en effet ce qu'on nomme la science.

Renonçant à expliquer complètement la métaliberté en son tout essentiel, la science en envisage les détails et les parties, les déchiffre peu à peu, et arrive ainsi à augmenter le champ d'action de notre liberté.

La science et la religiosité sont en quelque sorte complémentaires ; à mesure que la première s'accroît, la deuxième diminue évidemment d'importance. Moins il y a de choses que l'homme ne peut pas faire, moins il est obsédé de son impuissance, et moins par conséquent il est porté à multiplier les images qu'il se fait de la divinité ou métaliberté, c'est-à-dire que les dogmes vont se simplifiant de plus en plus.

Faut-il conclure que les religions en arriveront à disparaître complètement, que toute religiosité pourra s'effacer un jour du cœur humain ? Certainement non.

Tout l'être psychique de l'homme consiste dans le désir d'être heureux et par conséquent dans le désir de pouvoir faire le plus possible ce qui lui plaît, c'est-à-dire d'augmenter sa liberté.

Voilà pourquoi la *prière*, qui est l'expression de ce désir, est un besoin tout à fait inné et inextinguible ; l'homme ne se représente des images de la métaliberté que pour pouvoir les prier.

La prière est donc le fond essentiel de la religiosité, bien plus que la morale, plus que le dogme même, qui n'est en quelque sorte qu'un prétexte à prière.

Et la prière subsistera toujours, parce qu'elle naît de la disproportion, qui existera toujours, entre les désirs de l'homme, qui sont infinis, et sa liberté, qui est limitée.

Supposez que l'homme arrive un jour à pouvoir se rendre à son gré dans toutes les planètes, dans toutes les étoiles, sauf une.

Ce serait déjà joli, n'est-ce pas, comme augmentation du champ de la science et diminution du champ complémentaire de la religion.

Eh bien ! soyez persuadé que l'homme continuera à se représenter par un dogme l'ultime reste de métaliberté qui met cette dernière barrière à sa liberté ; pour obtenir la suppression de cette barrière et la permission d'aller dans cette bienheureuse étoile dont l'accès lui est encore interdit, il continuera à s'adresser à une divinité ; il croira, il priera, il aura donc encore une religion.

La science et la religion ne sont que deux façons d'envisager la métaliberté, la première analytiquement au moyen de l'intelligence, la deuxième synthétiquement au moyen de la sensibilité.

Ces deux méthodes coexisteront toujours, comme les deux facultés de l'âme qui leur donnent naissance ; la première s'enrichira constamment des dépouilles de l'autre et cette dernière demeurera pourtant toujours intacte, en qualité sinon en quantité, en profondeur sinon en surface.

Cette situation réciproque de la religion et de la science n'implique d'ailleurs pas qu'il y ait, comme le croient parfois des esprits superficiels, antagonisme entre elles.

La métaliberté divine et les savants sont entre eux comme la mer et les ouvriers sauniers établis sur le rivage qui s'occupent à retirer le sel renfermé dans les eaux marines.

Que penseriez-vous d'un saunier qui se mettrait à déblatérer contre la mer, sous prétexte que ça le dégoute qu'elle renferme toujours du sel malgré les efforts qu'il fait pour en extraire le plus possible chaque jour ?

Ne doit-il pas au contraire se féliciter de ce que lui et ses descendants pourront toujours continuer à gagner leur vie en exploitant la mine de sel intarissable que l'Océan renferme dans son sein ?

De même il serait déraisonnable à un savant de honnir la métaliberté, sous prétexte qu'il ne peut avec toute sa science arriver à en annuler le rôle et à en extirper la notion du cœur de l'humanité ; il doit s'applaudir au contraire de ce que les générations successives de savants,

10.

jusqu'à l'infini des âges, trouveront, à fouiller les inépuisables arcanes de la métaliberté, la joie de l'étude toujours, et, par instant, le triomphe de la découverte.

Tout aussi peu raisonnable par contre serait le prêtre qui réprouverait la science au nom de la métaliberté divine, comme l'homme qui, prétendant parler au nom de la mer, affirmerait que celle-ci voit d'un mauvais œil l'industrie des sauniers.

Car s'il en était ainsi, s'il ne convenait pas à la mer de donner son sel, elle saurait bien empêcher de le prendre ; que le saunier, animal aérobie, essaye de se promener quelques heures à 3.000 mètres au-dessous du niveau des eaux, il verra bien si la mer le laissera faire !

Non, ce n'est point par force qu'on arrache le sel à l'Océan et les progrès scientifiques à la divinité ; chaque conquête de la science, élargissant le champ d'action de la liberté humaine aux dépens de celui de la métaliberté, implique une adhésion volontaire de cette dernière à cet empiètement ; si elle voulait continuer à nous défendre ce qu'elle nous a défendu depuis l'origine de l'espèce humaine jusqu'à aujourd'hui, elle le pourrait certainement.

Le fait que les empiètements nouveaux qu'elle nous tolère sont fréquents implique chez elle l'attribut de *bonté*, comme nous l'avons vu plus haut, mais n'exclut pas l'attribut de *puissance*.

Nous verrons dans le chapitre suivant que la religiosité, que nous avons trouvée n'être pas un obstacle pour les sciences naturelles, s'occupant de l'étude des phénomènes, est même un adjuvant pour la science sociologique qui envisage, non plus les phénomènes en eux-mêmes, mais leurs rapports avec des noumènes.

CHAPITRE II

LA RELIGIOSITÉ ET LA POLITIQUE

Nous venons de voir les raisons pour lesquelles, bien loin que ce soit la religion qui influe sur la mentalité des peuples, c'est au contraire leur mentalité qui façonne leur religion. En outre de la mentalité, il y a aussi, bien entendu, les circonstances extérieures, l'habitat, etc., qui influencent de certaines façons la religion des peuples.

Les habitants primitifs des forêts scandinaves, par exemple, en proie aux intempéries d'un ciel inclément et aux attaques des animaux sauvages, ignorants du moindre embryon d'art humain, et voyant de longs siècles se succéder sans qu'il y eut un progrès sensible dans leurs conditions d'existence, sans que le champ d'action de leur liberté fît mine de s'étendre, étaient portés à se représenter la métaliberté comme malveillante, agressive, et bien loin d'espérer une augmentation de leur liberté et de leur bonheur, ils avaient pour seul desideratum de ne pas les voir diminuer encore ; c'était l'époque des dieux terribles, des dieux jaloux.

En Grèce au contraire, sous un climat plus doux, au sein d'une civilisation commençante, les hommes se trouvaient moins malheureux, et ce n'étaient plus des dieux terribles qu'ils imaginaient, mais des dieux presqu'indifférents, un peu fraternels déjà, et en même temps moins puissants, car pendant longtemps les deux idées de puissance et de méchanceté furent inséparables.

Quoi de moins puissant en effet que les dieux de la Grèce, puisqu'il s'en fallut d'un rien que les Titans ne réussissent à les débusquer de leur Olympe.

Enfin vint le Christianisme, réconciliant au sein d'un Dieu suprême la puissance et la bonté, qui sont en effet, comme nous l'avons vu au chapitre Ier, les deux attributs rationnels de la métaliberté.

Mais si les circonstances extérieures influent sur la forme des dogmes religieux d'un peuple, il ne faut pas s'exagérer cette action, qui reste toujours subordonnée à l'action interne due à la mentalité des races.

Prenons pour exemple les Grecs et les Latins. Ces peuples sont de mentalité matérialiste, c'est-à-dire qu'ils accordent la plus grande importance aux phénomènes qu'ils connaissent par l'intermédiaire de la perception externe, des sens. Comme les origines des sensations dues à perception externe sont variées et nombreuses, ces peuples sont *polythéistes;* ils déifient la beauté, la jeunesse, les fleurs, les fruits, les forêts, les moissons, etc.

Au contraire les peuples spiritualistes, comme les Orientaux, sont surtout frappés par les noumènes de la perception interne, de la conscience, qui, bien moins variés que les phénomènes, se ramènent à deux idées principales, le bien et le mal, le juste et l'injuste.

Ces peuples ne sont pas polythéistes ; tout au plus déifient-ils deux principes ; celui du bien et celui du mal, Ormuzd et Ahriman chez les Perses, Osiris et Typhon chez les Egyptiens, et parfois même ils ne connaissent qu'une divinité, maîtresse et arbitre suprême du bien et du mal, comme Jehovah, Baal, Brahma.

Et quoi qu'il advienne, en quelques temps et quelques circonstances que ce soit, les peuples spiritualistes seront toujours monothéistes, et les matérialistes toujours polythéistes, et ceci est la distinction essentielle entre les deux classes de dogmes.

Il pourra y avoir, par la force des choses, des transformations secondaires dans un dogme, soit monothéiste, soit surtout polythéiste.

Par exemple les Grecs primitifs avaient établi la demeure des dieux sur le mont Olympe en Thessalie, que nul n'avait encore gravi sans doute. Quand on eut atteint ce sommet, on s'aperçut qu'il n'y avait pas plus de dieux, visibles ou sensibles, que sur la main. Comme d'autre part la notion de divinités sans forme sensible ne pouvait entrer dans l'esprit matérialiste des

Grecs, il fallut bien leur assigner une autre demeure, les Champs-Élysées.

Si un peuple adore la lune parce qu'il la prend pour un flambeau embrasé, le jour où la science lui apprendra que c'est une simple terre éteinte, il devra évidemment modifier sa théogonie sur ce point, etc.

Mais s'il y a, au cours des siècles, des transformations nécessaires dans la religion d'un peuple, il n'y a point à proprement parler de *conversion*, c'est-à-dire de *changement* dans la sentimentalité subjective qui constitue l'essence de la religion.

Voyons en effet ce qui s'est passé dans les pays où a été prêché le christianisme, qui est une religion spiritualiste.

Les barbares germano-scandinaves, peuples spiritualistes, ont adopté le christianisme sans effort et sans convulsions ; chez les Greco-latins au contraire il avait fallu des siècles de lutte pour n'arriver somme toute qu'à une adoption apparente de la nouvelle religion.

Nous disons apparente car, en dépit de l'étiquette chrétienne, les populations de pure latinité (Italie centrale et méridionale, Provence, etc.), sont restées franchement polythéistes. Au lieu de prier les dieux, on prie les saints, qui ont, comme les anciens dieux, chacun leur spécialité ; chaque village a son saint patron, comme chaque cité avait ses dieux lares.

Ces races croient bien à un dieu suprême, comme d'ailleurs la plupart des grands esprits du temps du paganisme le faisaient déjà, mais ce dieu, d'après elles, n'est pas chargé des rapports avec les hommes ; en un mot, et quoiqu'on ait pu leur dire à ce sujet lors de leur prétendue conversion au christianisme, leur mentalité polythéiste admettra toujours qu'entre la méta-liberté suprême et notre liberté à nous, il existe de multiples métalibertés intermédiaires.

Les Orientaux ont adopté avec une extrême facilité le mahométisme, plus spiritualiste, somme toute, et plus approprié par conséquent à leur mentalité que le christianisme déformé par l'esprit latin, dont une partie d'entre eux avaient tâté.

Les Grecs au contraire ont toujours, malgré des siècles d'oppression, résisté à ce même mahométisme, radicalement contraire à leur mentalité matérialiste.

Les querelles des iconoclastes et des iconolâtres furent une manifestation du conflit des deux mentalités, conflit dû à la diversité des races qui se coudoyaient dans la Byzance impériale.

Et nous pouvons dire également qu'à ce point de vue, la France moderne est comparable à l'empire byzantin. Dans nul autre pays d'Europe peut-être les deux éléments ethniques latin et germano-scandinave ne sont aussi près de s'équivaloir comme importance numérique, et c'est là une des raisons des difficultés réellement spéciales que présente l'art du gouvernement dans notre nation, et tout particulièrement en ce qui concerne les questions religieuses.

Les guerres religieuses du temps de la Réforme ont eu lieu dans presque toute l'Europe, c'est vrai, mais ailleurs elles ont abouti à un état stable parce que l'élément en réelle minorité a reconnu son infériorité et a émigré ou s'est déclaré vaincu.

En France au contraire, aucun de ces deux éléments ne s'est jugé assez faible pour accepter sa défaite comme définitive, et on peut dire que les guerres de religion du xvi⁰ siècle n'ont pas abouti en France, et que la question religieuse y reste ouverte en permanence.

Et ceci nous amène à la conclusion pratique de notre étude, qui est de déterminer comment doit être traitée cette question religieuse dans les diverses circonstances politiques qui peuvent se rencontrer au cours des évolutions d'un peuple.

Nous avons vu dans le chapitre Iᵉʳ que la religiosité est un sentiment si général et si permanent que le cas d'une nation qui en serait dépourvue est inexaminable.

Peuvent seuls ignorer exceptionnellement ce sentiment les individus qui n'auraient pas réfléchi une seule fois aux faits les plus simples et les plus évidents de la liberté humaine et de la métaliberté ; ceux par exemple qui ne se seraient jamais demandé pourquoi ils mourront un jour, malgré leur évident désir de vivre.

Les hommes privés même de cet embryon d'esprit philosophique indispensable pour former la frontière entre l'humanité et l'animalité, sont évidemment très rares, s'il en existe, ou bien alors c'est par snobisme, et non sincèrement, qu'ils affectent d'être dépourvus de toute religiosité.

Bien entendu il ne faut pas confondre la religiosité avec la religion positive ; l'abstention totale des pratiques extérieures d'un culte, la transgression formelle même des préceptes d'une religion ne supposent pas du tout l'absence de religiosité.

On pourrait en citer des exemples en nombre infini, et nul n'est plus éclatant que celui du premier roi de l'Italie nouvelle, Victor-Emmanuel de Savoie.

Ce prince, élevé dans la religion catholique, déposséda le Pape de la souveraineté temporelle de Rome, sans se donner pour cela la peine de changer au préalable de religion, ce que les monarques font pourtant assez facilement, quand ils y trouvent leur intérêt. Ce faisant, il montra d'une manière bien évidente son égal mépris pour toutes les religions, la sienne d'abord, dont il bravait les excommunications les plus majeures, si une pareille tautologie est permise, et aussi toutes les autres ensuite, puisqu'il ne daigna même pas en choisir une qui, n'importe laquelle, lui eût permis d'exécuter son projet en toute sécurité de conscience.

Eh bien, en novembre 1869, c'est-à-dire quelques mois à peine avant l'occupation de Rome, décidée déjà depuis longtemps dans son esprit, ce même Victor-Emmanuel, se trouvant dangereusement malade, épousa sa maîtresse, la comtesse de Mirafiori, sur les injonctions du ministre catholique qui, sans cela, lui refusait les sacrements.

Ce qui prouve que la religiosité ne perd jamais ses droits, en face du mystère de l'au delà, parce qu'on se dit toujours : « celui qui parle au nom de la métaliberté a peut-être raison, après tout, puisqu'il m'est impossible de prouver qu'il a tort. »

Le sentiment religieux étant universel chez tous les peuples, cela suffit évidemment pour que la sociologie doive compter avec lui.

De quelle façon doit-elle en tenir compte ?

Peut-elle s'en aider, et comment ?

La question posée dans ces termes trop généraux ne comporte pas une réponse unique ; il nous faut faire certaines distinctions soit dans la religion, soit dans la forme politique des Etats.

Dans la religion il faut de nouveau considérer séparément d'une part le dogme, qui est en quelque sorte la *qualité* de la religion, et d'autre part la morale qui en est la *quantité*, plus ou moins grande suivant qu'on admet que la Divinité s'occupe plus ou moins des actions humaines, multiplie, détaille plus ou moins les règles de conduite qui émanent d'elle.

La distinction du bien et du mal, l'obligation de pratiquer l'altruisme et de fuir l'égoïsme, en quelques termes que cette obligation s'énonce : aimez votre prochain comme vous-même ; ne faites pas aux autres ce que vous ne voudriez pas qu'on vous fît, etc., voilà la partie essentielle et irréductible de la morale ; les autres règles de conduite accessoires s'y ajoutent en nombre plus ou moins grand.

D'un autre côté, parmi les formes de gouvernement, il y a lieu d'observer la distinction, non pas entre les républiques, monarchies absolues, constitutionnelles, etc., ce qui n'a aucune importance au point de vue qui nous occupe, mais entre les gouvernements réputés possesseurs d'un droit souverain et ceux chez lesquels l'existence de ce droit souverain n'est pas admise par les citoyens.

Avant d'appliquer dans les détails de la question la double distinction que nous venons d'établir, traitons d'abord un point commun, qui est l'attitude à observer par un gouvernement quel qu'il soit en face de ce que nous venons d'appeler la partie accessoire de la morale religieuse, c'est-à-dire de tout ce qui, dans cette morale, pourrait excéder les préceptes relatifs à l'altruisme et à l'égoïsme, et à plus forte raison de ce qui pourrait y contredire.

Ce point, disons-nous, est commun, c'est-à-dire qu'il ne dépend pas de la forme du gouvernement, et que tout gouvernement a les mêmes devoirs sur cette question, dont l'importance diminue d'ailleurs chaque jour, parce que le développement de la science et la diminution corrélative de l'étendue mystérieuse de la méta-liberté déchargent peu à peu cette métaliberté du rôle de législateur multiple et détaillé que lui attribuaient les premiers hommes, tellement impuissants par eux-mêmes qu'ils voyaient partout la main de la puissance divine.

Il en résulte que, comme nous avons déjà eu l'occasion de le faire observer, les morales religieuses diffèrent de moins en moins entre elles, parce que chacune d'elles élague de plus en plus les préceptes accessoires, en excès sur la morale essentielle du bien et du mal.

Quoi qu'il en soit, lorsque cet excès persiste, tout gouvernement a des devoirs bien évidents, qui sont :

1° De surveiller tout ce qui dans ces pratiques excessives serait contraire aux intérêts ou au bonheur de *celui-là même qui s'y livre,* s'il agit par ignorance, c'est-à-dire sans savoir que cette pratique lui portera tort et comment.

Le gouvernement a le devoir d'éclairer cette ignorance ; une fois qu'il a fait cela, si le citoyen, averti, persiste dans sa résolution, le gouvernement ne peut aller au delà.

Par exemple aux veuves hindoues qui ont l'habitude de se faire crémer vivantes sur le même bûcher que le cadavre de leur mari, le gouvernement doit dire :

« Vous avez là une coutume peut-être un peu bien inconsidérée ; je puis vous affirmer que, selon la science humaine il est très douloureux d'être brûlé vif et, selon cette même science, il n'est nullement affirmable que ce soit utile pour votre salut éternel. Voilà, je vous avertis ; réfléchissez bien ; si ensuite vous persistez quand même dans votre résolution, à votre aise ! »

2° D'empêcher ce qui, dans ces mêmes pratiques, porte tort à la liberté et aux droits *des concitoyens de celui qui s'y livre.*

Ici le droit du gouvernement dépasse l'admonestation et va certainement jusqu'à la répression, car c'est la définition même du rôle gouvernemental d'empêcher les empiétements réciproques des droits individuels.

Par exemple si une religion commande à ses

adoptes les sacrifices humains, il est hors de doute que ces meurtres rituels doivent être assimilés purement et simplement à des assassinats, et punis comme tels.

Ces questions tranchées, il nous reste, pour résoudre le problème général des relations entre la politique et la religion à examiner et à combiner entre eux, comme il conviendra, les quatre termes suivants :

Dogme religieux
Morale religieuse du bien et du mal } d'une part.

Gouvernement souverain
Gouvernement non souverain } d'autre part.

Lorsqu'une nation croit à l'existence du Droit souverain, l'Etat, pour se constituer et se maintenir, a absolument besoin de s'appuyer sur les dogmes religieux, tout au moins sur celui, et c'en est un, qui s'énonce : *Omnis potestas a Deo.*

Il n'y a pas moyen en effet de concevoir un autre fondement que le droit divin à l'existence du droit de souveraineté.

S'il y a certains hommes qui ont plus de

droits, c'est-à-dire une liberté plus grande que les autres hommes, c'est la métaliberté seule qui a pu leur faire ce cadeau, car elle seule limite, comme il lui platt, la liberté humaine.

Et qu'on ne vienne pas distinguer ici entre la souveraineté d'un monarque et la souveraineté d'une collectivité. Cette distinction est toute artificielle, et repose sur l'erreur déjà signalée au chapitre premier à propos de la métaphysique, erreur qui consiste à croire qu'il y a une différence entre ce que l'on n'explique pas du tout, comme la souveraineté royale, et ce que l'on n'explique que par des mots, dépourvus de tout sens objectif, comme la souveraineté populaire.

Personnellement, nous nous refusons, pour des raisons que nous avons développées ailleurs, (1) à admettre cette dualité de droits : d'une part le droit individuel et d'autre part le droit souverain ; nous ne reconnaissons dans l'humanité que le droit individuel, égal pour chaque homme et primé seulement par la métaliberté ;

(1) *Le Critérium sociologique de la Raison d'Etat,* par J. Dody.

pour nous, le prétendu souverain, monarque ou collectivité, bien loin de posséder un droit supérieur, n'a aucun droit d'aucune sorte, et n'a que des devoirs envers les citoyens.

Mais enfin les gens qui ne sont pas de notre avis et qui croient à l'existence du droit souverain doivent bien admettre que l'Etat, dans leur hypothèse, n'existe que par un dogme, et ne peut se passer de reconnaître et d'enseigner les dogmes religieux.

Nous irons même plus loin ; il y a nécessité pour lui de n'enseigner qu'un seul genre de dogme, d'instituer ce qu'on appelle une religion d'Etat.

Il serait difficile d'admettre en effet que plusieurs dieux différents, dont chacun est forcément exclusif et demande même parfois à ses adeptes la négation des autres dieux, se soient entendus pour transmettre tous la *protestatem* justement au même personnel gouvernemental.

Pour rester dans la logique, le souverain ne doit prétendre son droit émané que d'une seule divinité, que tous ses sujets doivent adorer pour pouvoir le reconnaître franchement comme souvorain ; si une partie d'entre eux professent des religions dissidentes, seule la force peut les maintenir dans une apparente acceptation de la situation, qui peut être de l'esclavage, mais qui n'est jamais de la soumission volontaire.

Lorsqu'il existe une religion d'Etat, les ministres de celle-ci doivent-ils être salariés par le gouvernement ?

Ce point mérite qu'on s'y arrête.

Toute peine mérite salaire, dit-on communément ; cet adage est radicalement faux.

Dites si vous voulez que toute créature humaine a droit à l'existence et qu'elle n'arrive à vivre le plus souvent qu'en y prenant de la peine, mais ne dites pas que toute peine mérite salaire.

Ce n'est pas la *peine*, c'est-à-dire l'effort, même inefficace, qui mérite salaire, mais seulement l'effort efficace, c'est-à-dire le *travail*, ce qui est bien différent.

Qu'est-ce que le travail ?

La mécanique nous apprend que c'est le produit de deux facteurs : l'effort exercé et le chemin parcouru sous l'influence de cet effort.

Le travail est donc nul si l'un quelconque de ces deux facteurs est nul, quelque grand que soit l'autre, pourvu qu'il ne soit pas infini, ce qui n'arrive jamais quand il s'agit d'un effort ou d'un résultat humain.

Quand le travail n'est pas nul, il est positif ou négatif ; les conventions du langage de la mécanique relatives à ces deux termes reviennent à peu près à dire (nous n'entrons pas dans les détails exacts, qui seraient inutiles) que le travail est positif quand le chemin est parcouru en avant, et négatif quand le chemin est parcouru en arrière.

Si nous transportons ces notions dans la sociologie, nous voyons qu'on peut dire que le chemin est parcouru en avant quand il est parcouru dans le sens *du mieux social*, et c'est ce travail socialement positif qui seul mérite salaire.

Voici par exemple un maître qui instruit des élèves ; ceux-ci, munis de cette instruction, seront mieux à même de gagner leur vie et d'être heureux que s'ils en étaient restés dépourvus ; l'effort du maître a donc pour résultat de faire passer les élèves d'un certain état à un état

meilleur pour eux ; c'est bien un chemin parcouru, et nettement dans le sens du mieux ;
c'est un travail positif au point de vue social, le
maître mérite un salaire.

Au contraire, tout travail nul ou négatif, au
point de vue social ne mérite aucun salaire,
quel que soit l'effort, c'est-à-dire la peine
employée.

Les Danaïdes remplissant continuellement
leur tonneau percé ; Sysiphe roulant sans
relâche jusqu'au haut d'une montagne son
rocher qui retombe toujours ne méritent pas de
salaire.

La loi pénale anglaise consacre ce principe
en ne faisant exécuter par les condamnés qu'un
travail inutile, pour justifier ce fait qu'on ne
leur donne pas de salaire.

Par qui est dû le salaire quand il est dû ?

Bien certainement par celui ou ceux qui se
sont avancés vers le mieux, c'est-à-dire qui ont
profité du travail ; les élèves dans l'exemple
précédent, sauf que s'ils n'ont pas encore l'âge
du libre arbitre, c'est le père de famille ou
l'Etat, suivant le régime établi, qui se substitue

à eux pour le paiement, mais ceci n'a rien à voir avec la discussion actuelle.

De ce principe, que le salaire est dû par celui qui profite, par le bénéficiaire du travail, résulte le corollaire suivant :

Le salaire est dû, non seulement quand le bénéficiaire retire du travail d'autrui un profit réel, mais encore quand ce profit est illusoire, pourvu que le bénéficiaire croie sincèrement, fît-il erreur, que le profit est réel pour lui ; il ne peut pas plus en effet refuser le salaire dans ce second cas que dans le premier, puisqu'il n'est pas en mesure de distinguer lui-même entre les deux cas.

Si un marchand vous vend à faux poids, vous n'êtes pas en droit de refuser de le payer, tant que vous ignorez sa fraude.

Ceci posé, il devient facile de relever bien des opinions fausses qui ont cours au sujet de la rétribution des ministres des cultes ; nous parlons ici de ces ministres des cultes considérés en tant que prêtres, qu'instigateurs des dogmes religieux,, et non pas dans les fonctions ou professions accessoires qu'ils peuvent exercer, comme celles d'instituteurs, de commerçants, etc... pour lesquelles ils sont évidemment justiciables des lois générales qui régissent ces professions :

1° Une rétribution est due aux prêtres, dit-on parfois, parce que toute peine mérite salaire.

Ceci est faux, on l'a vu ; ne mérite salaire que la peine, d'abord efficace, et ensuite d'une efficacité positive ;

2° Une rétribution leur est due, parce qu'ils exercent réellement un ministère d'une efficacité positive, qu'ils sont la cause d'un bien pour la société.

Cette opinion est encore erronée, car nul ne peut prouver que l'enseignement d'un dogme soit utile à la société ;

3° Aucune rétribution ne leur est due, car leur ministère est inutile ou même nuisible à la société.

C'est encore une erreur, car on ne peut pas davantage démontrer que l'enseignement d'un dogme soit inutile et nuisible.

Ce n'est pas ici comme pour le vendeur à faux poids, où une simple vérification de la balance permettrait de constater à la fois la fraude matérielle et la mauvaise foi du marchand ; en matière religieuse, on ne pourra jamais constater ni l'une ni l'autre.

Alors la vérité est celle-ci :

Un salaire est dû aux ministres des cultes pour cette raison, unique mais suffisante, qu'il y a des gens sincèrement convaincus, à tort ou à raison, que leur ministère produit une efficacité utile.

C'est par ces gens eux-mêmes, bien entendu, que ce salaire est dû ; si dans une nation tous les citoyens sont unanimes dans leur opinion sur ce point, c'est-à-dire professent une même religion, les ministres du culte peuvent très bien être payés sur le budget, car cela revient alors absolument au même que s'ils étaient payés chacun par leur paroisse.

S'il y a au contraire dans un pays plusieurs religions différentes, il vaut mieux que les ministres soient payés chacun par leurs fidèles respectifs, car l'Etat, à moins de se livrer à des calculs statistiques extrêmement détaillés pour proportionner exactement les frais des divers cultes au nombre de leurs adhérents, pourra toujours être accusé de faire injustement payer trop aux uns et pas assez aux autres.

Le premier des deux cas précédents est celui où il y a une religion d'Etat sincère, c'est-à-dire où la nation admet sérieusement la souveraineté de droit divin.

Il y a encore un autre cas qu'un optimisme poli devrait nous faire passer sous silence, mais que l'exactitude nous oblige à aborder : c'est celui où la nation sait parfaitement que le droit souverain est une farce, mais où le gouvernement veut quand même par politique se donner l'appui extérieur d'une religion d'Etat.

Dans cette hypothèse c'est le gouvernement, et non plus le pays, qui est le vrai bénéficiaire du travail des ministres de cette religion, et il devrait les payer non plus sur le budget, mais sur sa cassette particulière, si tant est que celle-ci soit jamais bien distincte du budget.

Nous venons donc, avant la digression qui précède, d'examiner les relations d'un gouvernement réputé souverain avec le dogme religieux ; quelles sont maintenant ses relations avec la morale religieuse ?

Cette dernière doit-elle être enseignée sous un pareil gouvernement, c'est-à-dire faut-il dire aux enfants :

« Dieu a voulu que vous pratiquiez le bien, et que vous évitiez le mal » (1).

Ou bien :

« L'Etat, représenté par le juge et le gendarme, veut que vous pratiquiez le bien et que vous évitiez le mal ».

Nous omettons à dessein une troisième forme, abstraite et impersonnelle, de la morale, qui consisterait à dire simplement :

« *Il faut* que vous pratiquiez le bien et que vous évitiez le mal ».

Cette forme de morale à législateur anonyme peut être comprise, à partir de l'âge adulte, par un homme sur dix et une femme sur cent ; on peut à la rigueur l'employer dans certains livres et certains journaux, mais il ne saurait être question d'y avoir recours à l'école par exem-

(1) En disant le bien et le mal, répétons que nous entendons : l'altruisme et l'égoïsme.

ple ; là, on doit choisir entre les deux morales concrètes, à législateur désigné.

Eh bien, dans un pays où le gouvernement est réputé souverain, nous disons que c'est la deuxième forme, la morale d'Etat, qui doit être enseignée, et non pas la morale religieuse.

La morale en effet est une règle de conduite, et si Dieu a donné au souverain, au gouvernement, le droit d'être souverain et de gouverner, il lui a donné implicitement le droit d'établir et d'imposer aux hommes les règles de conduite qui lui paraissent nécessaires pour exercer le gouvernement.

C'est donc l'Etat qui doit édicter lui-même la morale ; il le fait, si l'on veut, en tant que fondé de pouvoir de Dieu ; mais si Dieu lui a donné une délégation si étendue, et impliquant une telle confiance, on peut valablement supposer que Dieu a renoncé à surveiller lui-même, dans le détail, l'éducation des hommes : *de minimis non curat prœtor*.

Que si nous examinons maintenant le cas d'une nation dont le gouvernement n'est pas réputé possesseur d'un droit souverain, nous aboutirons à des conclusions bien différentes.

Le gouvernement, dans ce cas, n'a que faire du dogme : *omnis potestas a Deo*. Puisqu'il n'a plus de droits sur les citoyens, mais seulement des devoirs envers eux, il n'est plus besoin d'appeler à sa rescousse l'intervention divine, comme cela avait lieu quand il s'agissait de justifier un excès de droits en sa faveur.

L'existence du gouvernement se trouve expliquée de la façon la plus naturelle et la plus terre-à-terre par ce fait que les citoyens qui désirent être autant que possible heureux tous ensemble *socialement*, c'est-à-dire sans se nuire les uns aux autres, et qui n'ont pas en général le temps (occupés qu'ils sont à vivre) ni la compétence voulue pour bien étudier et réaliser ce qu'il y a à faire pour cela, ont chargé certains hommes plus compétents, les gouvernants, de s'occuper du bonheur général de la nation.

N'ayant pas besoin du dogme : *omnis potestas a Deo*, le gouvernement non souverain n'a besoin d'aucun autre dogme (1) ; il ne doit pas

____

(1) C'est à ce point de vue sans doute que Jouffroy

instituer une religion d'Etat, qui n'était nécessaire dans le cas précédent que pour désigner
nominativement au peuple le Dieu qui avait
délégué le pouvoir souverain au gouvernement.

S'ensuit-il qu'on doive alors s'attacher à
extirper de la nation toute espèce de dogme ?

On ne le pourrait pas, car la religiosité, qui
est précisément la propension de chacun à se
créer un dogme religieux, est un sentiment universel et inextinguible.

Mais du moins, à la seule exception du dogme :
omnis potestas a Deo, on peut tolérer tous les
autres dogmes ; les religions les plus variées et
les plus diverses peuvent sans inconvénient
coexister dans un pays libre.

Ce qui se passe par exemple en Suisse ou aux
Etats-Unis est frappant à ce sujet.

Talleyrand disait que de son temps il avait
trouvé en Amérique un seul plat et trente-deux
religions ; ces chiffres sont probablement aug-
mentés de nos jours, sans que l'élévation du

s'écriait : « Que les dogmes finissent ! » à une époque,
sous la Restauration, où beaucoup de bons esprits en France
rejetaient l'existence du droit souverain.

second (nous ne parlons pas du premier) nuise en rien au bonheur de la République ni au patriotisme de ses citoyens.

Le 10 mai 1869 eut lieu la cérémonie d'inauguration du premier chemin de fer transcontinental de l'Amérique du Nord ; au moment solennel où se faisait la pose du dernier rail joignant les réseaux de l'Union Pacific et du Central Pacific, la dépêche suivante fut transmise dans toute l'Union américaine : « Tous les préparatifs sont terminés, ôtez vos chapeaux, nous allons prier. »

Et au même moment, sur tous les points de la Confédération, les Yankees se mirent tous à prier leurs trente-deux dieux respectifs, chiffre minimum, pour la prospérité de la patrie commune.

Pourquoi purent-ils faire cela ? C'est parce qu'ils savaient bien qu'aucun de ces dieux n'était pour rien dans l'institution de la République, ni dans la désignation de ses gouvernants, dues seulement à leur libre volonté, à eux citoyens américains.

Vous ne pourrez jamais obtenir que des

sujets prient comme le faisaient ces *citoyens* avec une égale ferveur trente-deux dieux différents pour une patrie commune dont les institutions politiques sont crues établies par la volonté d'un seul de ces dieux, et il est bien difficile d'admettre qu'elles soient établies par la volonté de plusieurs.

La question de l'enseignement de la morale comporte également une solution différente sous un gouvernement non réputé souverain.

Un tel gouvernement n'est pas qualifié pour instituer une morale d'Etat ; nous avons expliqué ailleurs (1) que, n'ayant que des devoirs et non des droits, il ne peut édicter de lois impératives, c'est-à-dire imposer une règle de conduite (ce qu'est la morale). Il ne peut édicter que des lois prohibitives ou restrictives ; tout ce qui n'est pas explicitement défendu par les lois est permis aux citoyens.

La morale d'Etat n'existant plus, c'est alors la morale religieuse, celle à législateur divin, qui doit être enseignée dans les écoles.

(1) *Le critérium sociologique de la raison d'Etat,* par J. Dody.

Si Dieu en effet n'a délégué aucune portion de la métaliberté ni à des souverains, ni à personne, il n'y a rien autre au monde que ces deux entités en présence : la métaliberté divine et la liberté humaine. La première est supérieure par définition même ; elle a donc le droit, et elle l'a seule, de commander à la deuxième : la règle de la conduite humaine ne peut émaner que directement de la métaliberté.

On peut alors dire : *de minimis curat prætor* ; puisque le préteur n'a pas de sous-préteur, d'agent intermédiaire entre lui et *ses* administrés, il faut bien qu'il s'occupe lui-même des choses les plus minimes.

« Mais, objectera-t-on, est-il possible d'enseigner la morale religieuse quand il y a plusieurs religions dans un même Etat ? »

Oui, au sens où nous entendons ce terme, qui ne désigne ici que la morale proprement dite, celle du bien et du mal, de l'altruisme et de l'égoïsme. Les autres règles de conduite, les prescriptions accessoires par lesquelles diffèrent les divers enseignements religieux, nous les avons séparées et nous avons traité cette question en son lieu.

D'ailleurs répétons que les religions, même très différentes dans leurs dogmes, ont dans leurs morales bien moins de divergences qu'on ne le croit souvent.

Les gens qui sont immoraux ont bien en effet des façons assez variées de l'être suivant leur religion, c'est-à-dire suivant leur mentalité, puisque celle-là résulte de celle-ci ; mais au contraire les gens qui sont moraux se ressemblent beaucoup quelle que soit leur religion.

Quoi qu'il en soit, il ne s'agit ici que de désigner l'auteur responsable de la loi qui commande de faire le bien et d'éviter le mal.

Eh bien ! nous pensons qu'on peut dire, c'est Dieu, sans être obligé de préciser ce Dieu nominativement. La question est en effet bien différente de celle du dogme : *omnis potestas a deo*, qui nécessitait au contraire la désignation d'un dieu déterminé ; cela parce que, parmi tant de candidats possibles à la souveraineté, à la possession du pouvoir, les hommes ne comprendront jamais, ainsi que nous l'avons déjà répété, que des dieux différents choisissent les mêmes élus.

En morale, il n'y a que deux candidats possibles à la préférence : le bien et le mal, et nous avons tous au fin fond de notre conscience un sentiment qui nous dit, même quand nous faisons le mal, que c'est le bien qui est préférable. *Video meliora proboque, deteriora sequor.*

Prenez un brigand de profession, coupable d'assassinats journaliers, qui un jour, trouvant un de ses camarades blessé, le panse et le secourt.

Quel que soit son endurcissement dans le crime, et même s'il n'a jamais reçu la moindre notion de morale, cet homme *sent* qu'en soulageant son camarade souffrant il agit *mieux* que lorsqu'il commet des assassinats, malgré qu'il ne se repente nullement de ceux-ci.

S'il n'y avait pas, au fond de notre âme humaine, cette petite flamme morale embryonnaire qu'il s'agit seulement d'alimenter et de développer, tout ce que nous venons de dire n'aurait aucun sens, et on perdrait bien son temps à vouloir enseigner aux hommes la loi morale, quel que soit l'auteur auquel on en attribuerait la paternité.

Ce serait comme si l'on voulait apprendre une science à un être dépourvu d'intelligence, l'astronomie à un poisson par exemple.

La loi morale n'ayant aucun intérêt pour nous, le nom de son auteur n'en aurait pas davantage ; si vous rencontrez dans votre journal un article qui ne vous intéresse pas, vous n'en cherchez pas la signature ; si au contraire l'article vous intéresse, vous la recherchez aussitôt.

Mais cette petite lueur intime sur le bien et sur le mal existant chez tous (1), chacun est donc disposé à admettre qu'elle a été allumée en lui par la métaliberté divine, et, quels que soient le nom et la forme que sa mentalité le

___

(1) Ceci ne signifie pas que nous admettions, avec certaine école philosophico-pédagogique du xviii*ᵉ siècle, que l'homme *naît bon*, c'est-à-dire que l'altruisme est *natif* chez lui, et l'égoïsme *acquis* ; nous croyons qu'il apporte en naissant un mélange d'altruisme et d'égoïsme avec seulement une *certaine conscience* de leur distinction.

porte à donner à Dieu, que c'est bien ce Dieu par conséquent qui commande :

« Faites le bien et évitez le mal ».

Si nous résumons ce qui précède, nous voyons que :

1° Un gouvernement réputé souverain comporte comme auxiliaire nécessaire le prêtre en chaire, avec la mission principale d'enseigner le dogme : *omnis potestas a deo*, et la mission secondaire de définir une religion d'Etat, c'est-à-dire de bien expliquer quel est le Dieu qui a pris l'Etat sous sa protection et a concédé au gouvernement le droit de souveraineté.

L'idéal sous un tel régime serait d'avoir une religion qui fût exclusive à la nation, comme cela arrivait pendant les civilisations primitives où souvent les dieux, loin de recommander le prosélytisme à leurs peuples respectifs, voulaient rester cachés au reste de l'humanité. Nul système religieux évidemment ne consolide aussi bien, avec le sentiment national, la foi au droit souverain émané de la divinité nationale.

Néanmoins cette foi peut subsister avec une religion comportant le prosélytisme, car il n'est pas absurde d'admettre qu'un même Dieu, reconnu par plusieurs nations, délègue un souverain particulier à chacune d'elles ; il peut donc exister plusieurs peuples ayant la même religion d'Etat.

De nos jours, les Anglais ont trouvé moyen de se forger une religion nationale avec la plus internationale des religions, le christianisme.

On voit leurs missionnaires d'une part prêcher aux peuples évangélisés que tous les hommes sont frères, et d'autre part ne rien négliger pour les amener ou les maintenir dans une subordination vis-à-vis de l'Angleterre, ce qui est la négation même de la fraternité internationale.

Les missionnaires catholiques, dira-t-on, les suivent dans cette voie ; mais chez eux, la contradiction s'explique en partie par ce fait qu'ils reçoivent deux mots d'ordre, le premier de Rome, le second de leur métropole ; en eux, le prêtre et le citoyen sont distincts ; quand le prêtre l'emporte sur le citoyen il leur arrive très bien de ne plus coloniser pour le compte de leur mère-patrie et de fonder, comme les jésuites au Paraguay, un gouvernement théo-cratique indépendant.

Chez les Anglicans, le citoyen l'emporte tou-jours sur le prêtre, ce qui serait tout naturel s'il y avait un dieu spécial pour la nation bri-tannique, recommandant à son peuple, comme le faisaient autrefois Jehovah ou Baal, non pas de catéchiser, mais de réduire en esclavage les Philistins et infidèles ; mais ce qui tourne à la cocasserie quand on songe qu'ils se réclament du Christ, dont la première doctrine est que tous les hommes sont enfants du même Dieu au même titre.

Si encore les missionnaires anglicans étaient de simples fumistes, leur cas serait explicable, et ne serait d'ailleurs pas intéressant ; mais bien au contraire, il n'est peut-être pas de corps plus digne et plus honorable que le clergé anglais ; c'est avec une égale bonne foi qu'ils se livrent à deux besognes radicalement contradic-toires, et c'est justement en cela qu'ils présen-tent un cas psychologique des plus curieux, qui n'est pas unique dans cet admirable et haïssable, parce qu'enviable, peuple britannique.

Sous un gouvernement réputé souverain, le prêtre, s'il est indispensable en chaire, doit être banni de l'école, parce qu'étant prêtre il ne pourrait guère se dispenser d'enseigner la morale au nom de la divinité, et que ce serait une cause de confusion tout au moins, et même de division dans le pays, s'il s'avisait de rendre son enseignement différent, dans des détails mêmes infimes, d'avec la morale d'Etat qu'un gouvernement souverain a le droit d'imposer.

Ce serait alors ce qu'on a appelé récemment le péril des deux jeunesses, péril qui existe en effet sous le régime que nous envisageons actuellement.

2⁰ Avec un régime où au contraire le gouvernement n'est pas considéré comme souverain, où l'élection des gouvernants par les citoyens ne confère aux premiers aucun droit, mais seulement des devoirs, dans un pays vraiment libre en un mot, une religion d'Etat serait absurde.

Le prêtre de n'importe quelle religion, s'il monte en chaire, n'est tenu à rien envers le pouvoir, qu'il omet et dont il est omis.

Dans l'école sa présence n'est plus néfaste, mais au contraire utile pour nommer l'auteur responsable de la morale, qui est alors la divinité, l'Etat non souverain n'ayant pas le droit d'émettre une morale d'Etat.

Quel que soit le nombre des religions enseignées, le péril politique de deux ou de plusieurs jeunesses n'existe plus, parce que les jeunes gens, pas plus que les prêtres, n'ont l'idée de mêler la religion et la politique, idée qui ne pouvait venir aux uns et aux autres, dans le cas précédent, que de l'inculcation de cette notion, faussement crue et faussement enseignée, d'après laquelle la divinité s'occupe du gouvernement des hommes.

Si, pour terminer cette étude, nous cherchons à appliquer les conclusions précédentes à la situation actuelle de la France, nous voyons tout de suite que les difficultés de cette situation, au point de vue religieux, proviennent surtout de ce que les Français ne savent plus au juste, à l'heure présente, s'ils doivent croire ou non à l'existence du droit de souveraineté chez les gouvernants.

Cette question n'est plus résolue universellement chez nous par l'affirmative, et elle est loin de l'être encore généralement par la négative (1).

Officiellement nous sommes censés croire toujours au droit de souveraineté ; notre Constitution prévoit, par exemple, un tribunal dénommé Haute-Cour de Justice, chargé de la répression des tentatives contre la forme du gouvernement.

Un gouvernement que les citoyens ne peuvent songer à changer sans qu'il y ait crime ou délit, c'est bien par définition un gouvernement qui possède un droit supérieur à celui des citoyens, c'est-à-dire un droit souverain.

(1) Nous ne parlons pas ici des gens qui acceptent la souveraineté d'un gouvernement qui a leur sympathie et repoussent celle d'un gouvernement qui leur est antipathique, montrant ainsi qu'ils ne savent pas plus ce qui les fait agir dans le premier cas que dans le second ; ceux-là n'ont évidemment pas d'opinion sur l'existence ou la non-existence du droit de souveraineté en soi.

De même chez nous il y a des cas où la parole d'un fonctionnaire fait foi en justice, et non la parole opposée d'un simple citoyen, ce qui prouve encore que nous reconnaissons vraiment le fonctionnaire comme détenteur d'une parcelle de souveraineté, etc.

Si, nous en tenant à cette opinion officielle, nous nous reportons au régime type indiqué plus haut pour le cas des gouvernements réputés souverains, nous voyons que la France en diffère d'un côté en ce qu'elle n'a pas de religion d'Etat ; par contre elle s'en rapproche actuellement d'un autre côté en bannissant le prêtre des écoles.

Sur ce dernier point le gouvernement actuel se montre donc moins illogique que certains de ses prédécesseurs, qui croyaient comme lui posséder un droit souverain et permettaient pourtant l'enseignement de la morale religieuse concurremment avec la morale d'Etat, dite laïque.

Mais pour être tout à fait logique, notre gouvernement devrait établir aussi une religion d'Etat, un dogme officiel

Il ne le fait pas, parce que par la liberté des cultes il veut ménager ceux des citoyens qui ne croient pas au droit souverain des gouvernants, et dont la coexistence avec ceux qui y croient est la vraie raison qui a condamné notre pays dans ces derniers temps à ne pas sortir de l'illogisme et à rester hors des deux solutions rationnelles.

Outre cette division des mentalités intellectuelles dont le criterium est l'admission ou la négation du droit souverain, nous avons encore en France à un degré très prononcé, ainsi que nous l'avons fait remarquer, la division entre les mentalités sentimentales latine d'une part, germano-scandinave d'autre part.

A ces deux mentalités correspondent respectivement les deux branches du christianisme qui se nomment le catholicisme et le protestantisme.

Le catholicisme avec sa hiérarchie de saints, donne satisfaction à cette tendance de l'esprit latin à admettre des métalibertés intermédiaires entre la métaliberté suprême et notre propre liberté ; avec ses images, ses pompes et ses rites, il satisfait le goût artistique de la forme, qui est encore une caractéristique de ce même esprit, ainsi que nous le verrons dans l'étude sur l'art. Le protestantisme au contraire, plus succinct dans sa théogonie, plus austère dans son culte, se conforme mieux à la mentalité religieuse germano-scandinave.

La croyance à la souveraineté de droit divin a été presque générale dans toute l'Europe jusqu'à la deuxième moitié du xviii° siècle ; rationnellement donc chaque nation avait une religion d'Etat.

En Allemagne, en Angleterre, ce fut, non moins rationnellement, le protestantisme dès son apparition, puisqu'il répondait à la mentalité presqu'unanime de ces peuples. En Espagne, en Italie, ce fut, pour la même raison, le catholicisme.

Les Allemands, les Anglais de nos jours, descendants des protestants, élevés dans le protestantisme, gardent cette religion qui est bien logiquement la leur ; de même les Latins d'Espagne et d'Italie font pour le catholicisme ; ce sont des situations normales.

En France, ce fut bien différent ; il fallait comme ailleurs une religion d'Etat, puisqu'on croyait au droit souverain. Après bien des luttes, il fut décidé que cette religion d'Etat serait le catholicisme, probablement parce que les Latins avaient en France, à cette époque, une certaine majorité.

Remarquons en passant qu'il fut bien net que les premières conversions à la Réforme se remarquaient surtout dans les rangs de la noblesse, descendante des Francs, Burgondes, etc., tandis que le peuple, de souche gallo-romaine, restait attaché à l'ancienne religion.

Pour les Latins-Français d'aujourd'hui, la situation est encore normale ; ils ont gardé la religion catholique qui est vraiment la leur ; mais les Germain-Français ont senti peu à peu qu'il n'en était pas de même pour eux, et comme ils ne connaissaient pas d'autre religion, ni par tradition ni par atavisme, puisque c'était le catholicisme qui était la religion d'Etat en France, ils en sont arrivés, en fait, à ne plus pratiquer aucune religion.

Les dissidents-nés de l'ancienne religion d'Etat, tombés logiquement à l'irréligion, sont bien plus nombreux en France qu'ailleurs, et forment une partie très importante de la nation.

En présence de ce fait brutal que la France est composée aujourd'hui, admettons approximativement par moitiés, de catholiques et de gens sans aucune religion, quel est le remède pour rétablir l'unité morale, évidemment très compromise par cette situation?

Les uns pensent qu'il faut restaurer la religion catholique, tâcher d'y gagner de nouveau ceux qui l'ont abandonnée.

Ceci est complètement impraticable; s'ils l'ont abandonnée, c'est qu'elle était incompatible avec leur mentalité.

Les autres sont d'avis au contraire qu'il faut s'attacher à extirper la religion catholique chez ceux qui la pratiquent encore; alors on aura fait, de l'absence même de toute religion, une sorte de religion d'Etat, et l'unité morale sera reconquise.

Cette opinion est fondée sur la croyance que

le manque de religion positive implique l'absence de toute religiosité, croyance qui constitue, nous l'avons vu, une erreur sociologique. Il y a beaucoup de gens en France qui ne pratiquent en rien la seule religion qu'ils connaissent, et la traitent même d'absurde. Qu'est-ce que cela veut dire ?

Traiter une religion donnée d'absurde, cela veut dire simplement qu'on ne la trouve pas à sa guise, qu'on ne sent point ainsi la métaliberté, les choses de l'au delà.

N'en pratiquer aucune, cela signifie seulement qu'on n'en connaît point qui vous satisfasse.

Même si on entend un homme affirmer de bonne foi qu'il ne veut croire à aucune religion, cela ne prouve qu'une chose, c'est que cet homme pense que toutes les religions positives sont comme celle qu'il connaît et réprouve, et on ne peut nullement en inférer qu'il soit dépourvu de tout sentiment de religiosité.

Le cas de cet homme est l'inverse de celui d'un autre homme qui est tellement content de sa religion, constatée par lui parfaitement adéquate à sa mentalité, qu'il la proclame de bonne foi la seule bonne.

L'un et l'autre en arrivent, il est vrai, facilement à l'intolérance, parce que la tolérance est difficile, d'après la nature humaine, dans les questions de sentiment, là justement où elle serait le plus nécessaire.

On croit d'autant plus avoir raison qu'on peut moins le prouver, sans doute parce que personne ne peut davantage prouver le contraire.

S'ensuit-il qu'il n'y ait rien, absolument rien à faire pour remédier à l'intolérance religieuse ou irréligieuse et, d'une façon plus générale, aux difficultés que présente la situation religieuse de la France ?

Loin de là, et les observations précédentes nous amènent à ce que nous croyons être la solution de la question, à savoir :

Laisser leur religion à ceux des Français qui en sont satisfaits, et tâcher simplement de faire connaître aux autres la religion qui s'adapterait à leur mentalité et qui, d'après leurs affinités éthniques, semblerait devoir être le protestantisme.

Et qu'on ne voie pas dans ces paroles un panégyrique, une proclamation de supériorité quelconque du protestantisme sur le catholicisme ; nous prétendons simplement :

1° Que tel, suivant sa mentalité, peut faire un bon protestant qui ne ferait jamais qu'un mauvais catholique, et vice versa.

2° Qu'il vaut mieux, socialement parlant (rappelons que nous faisons ici uniquement de la sociologie) que la France renferme de bons protestants plutôt que des mauvais catholiques et plutôt que des irréligieux.

Ce dernier point est encore, nous le savons, vivement contesté. On peut très bien, dit-on souvent, concevoir, établir et faire prospérer un Etat sans le secours d'aucune religion.

Evidemment, s'il s'agit du dogme, mais la morale !

L'auteur, l'auteur de la morale ! réclameront toujours les hommes, et si l'auteur ne paraît pas, la pièce risque d'être sifflée.

Ah ! s'il existait un peuple tout entier doué d'un esprit assez philosophique pour admettre la morale anonyme et se contenter de la religiosité sans culte et sans ministres, ce serait certes un grand peuple, le premier des peuples !

Ceux qui croient que la France peut être ce peuple-là ont raison de chercher à la déchristianiser ; les autres ont tort.

« Mais, nous objectera-t-on encore, vous avez reconnu vous-même que l'Etat peut être l'auteur de la morale. »

Oui, mais seulement lorsqu'il est réputé posséder un droit souverain, et alors il a besoin de tenir d'un dogme, avec la raison de son existence même, l'investiture de son droit à l'émission d'une morale.

Et puis d'ailleurs, la solution de l'Etat souverain, nous ne la proposerons jamais pour aucune question sociologique, parce que, fausse dans son principe, elle est absurde dans toutes ses conséquences.

En particulier pour la France actuelle, si l'on devait continuer à admettre l'Etat souverain, ce ne serait pas une solution que d'avoir fait connaître une autre religion à cette moitié des Français qui actuellement n'en ont aucune qui les satisfasse.

Cela parce que l'Etat souverain a besoin d'une religion d'Etat et, entre une moitié d'anciens catholiques et une moitié de nouveaux protestants, laquelle des deux religions choisir ?

Nous nous trouverions identiquement dans la même situation que sous les derniers Valois; ce seraient les guerres religieuses et toute l'histoire consécutive à recommencer, pour aboutir forcément au même résultat défectueux, les mêmes causes produisant les mêmes effets. Il n'y aurait pas de quoi chanter victoire pour avoir proposé une solution pareille.

Non, ce que nous demandons c'est de modifier à la fois nos idées religieuses et nos idées politiques, car tout le monde sent la connexité qu'il y a, spécialement en France, entre ces deux questions, bien que beaucoup ne s'expliquent pas les raisons de cette connexité.

Nous avons dans ce qui précède exposé ces raisons, qui sont au nombre de deux :

1° Une permanente, la presqu'équivalence chez nous, au point de vue numérique, de la mentalité latine et de la mentalité germaine.

2° Et une temporaire, le doute où nous sommes dans ce moment-ci si oui ou non l'Etat possède un droit, dit souverain, supérieur à celui des simples citoyens.

Ces deux causes du mal nous indiquent les deux remèdes :

Tout en faisant connaître à ceux d'entre nos compatriotes qui n'ont pas de religion un culte conforme à leur religiosité instinctive, nous devons renoncer, tous tant que nous sommes de Français, à cette superstition du droit souverain de l'Etat, et reconnaître que les gouvernants n'ont aucun droit, mais seulement des devoirs envers les citoyens.

Nous renonçons du même coup à cette erreur, génératrice de toute confusion entre la religion et la politique, qui attribue à la métaliberté ou divinité le recrutement de ces mêmes gouvernants, erreur dans laquelle on tombe, explicitement ou implicitement, dès lors qu'on se figure que l'Etat possède un droit, c'est-à-dire une liberté supérieure à la nôtre, car alors cette liberté, supérieure à la liberté humaine, ne pourrait être qu'une fraction de la métaliberté, c'est-à-dire de la divinité, et c'est l'intrusion admise de la divinité dans le gouvernement des hommes.

Il est difficile certes de nous dégager de nos préjugés sur ces points, et le moment semble mal venu pour de tels conseils, car il ne faut pas se dissimuler que nous assistons depuis quelque temps, avec la poussée collectiviste, à un retour offensif de la superstition du droit souverain de l'Etat.

Nous croyons néanmoins que le salut est dans la voie que nous indiquons et non ailleurs, que de cette façon seulement la question religieuse disparaîtrait, et que les cultes les plus divers pourraient alors coexister librement chez nous sans altérer l'unité morale de la nation, comme cela se passe chez les peuples vraiment libres, les Etats-Unis par exemple.

L'ART

CHAPITRE PREMIER

CE QUE C'EST QUE L'ART

Le sentiment artistique, qui existe même chez certains animaux, est chez l'homme d'une universalité absolue.

On ne peut donc se dispenser de le faire entrer en ligne de compte dans la sociologie, cette science qui traite du réglage de tous les organes du mécanisme humain en vue de la bonne marche de la société.

Il n'existe pas dans toute la psychologie de sentiment aussi mystérieux et aussi difficile à expliquer que le sentiment esthétique ou artistique.

On entend généralement par ce mot l'effort vers ce que nous appelons le beau, troisième terme de la trilogie composée du vrai, du bien et du beau.

Mais ce troisième terme est justement de signification bien plus obscure que les deux premiers ; cette trilogie n'est pas symétrique.

Si nous n'avons pas l'assurance de l'objectivité absolue, c'est-à-dire de l'existence en soi du vrai et du bien, il n'en est pas moins certain que ces deux concepts sont tout au moins d'une objectivité relative, en ce sens qu'ils sont d'une subjectivité générale pour l'ensemble de l'humanité ; ce qui est vrai et bien (1) pour l'un l'est aussi pour l'autre.

Le sens de ces deux mots est donc assez clair ; on a pu s'entendre sur leur signification qui apparaît la même à tous.

Le vrai, ce sont les rapports voulus par la métaliberté entre les effets et les causes.

Quelle est l'essence de ces causes ou forces, nous l'ignorons bien entendu, mais enfin cela ne nous empêche pas de pouvoir parfois en connaître les effets avec certitude. L'astronome qui,

______

(1). Nous parlons bien entendu du bien *moral* et non pas du bien *légal,* qui lui au contraire est très variable.

à la suite de ses calculs, prédit plusieurs années à l'avance la seconde précise où se produira telle éclipse est incontestablement en possession d'une parcelle du vrai.

De même pour le bien, qui est la pitié ou altruisme ; celui qui secourt un malheureux fait sûrement quelque chose de bien.

En ce qui concerne le beau, c'est tout différent, car là nous tombons dans la subjectivité la plus relative et la plus fractionnée.

Des goûts et des couleurs il ne faut pas discuter, dit avec raison un proverbe.

Chaque époque, chaque race, chaque homme presque envisage le beau d'une façon différente. Impossible par conséquent de s'entendre pour en donner une définition acceptée de tous ; impossible d'affirmer si, oui ou non, tel homme, en telle circonstance, a connu ou atteint la beauté.

Le beau, a-t-on dit, est la splendeur du vrai ; cette définition par comparaison entre le beau et l'un des deux autres termes de la trilogie, est elle-même un aveu de la dissymétrie de cette trilogie, et de l'impossibilité d'y assigner au beau une place analogue à celle des deux autres termes.

On pourrait d'ailleurs tout aussi bien dire que le beau est la splendeur du bien, mais ni l'un ni l'autre de ces aphorismes ne nous avance beaucoup vers la définition essentielle du beau, que nous devons, semble-t-il, renoncer définitivement à trouver.

Il faut donc nous contenter d'étudier les rapports de cette entité inconnue avec l'âme humaine. Et d'abord, comment le beau est-il perçu par notre âme ?

Cette perception n'est pas le fait de la perception interne ou conscience, comme cela arrive pour le bien et le mal, ni le fait de l'intelligence, comme cela a lieu pour la notion du vrai.

La perception du beau est une perception externe ou sensible, c'est-à-dire qu'elle se produit par l'intermédiaire de nos sens.

C'est toujours un phénomène extérieur qui est la source première du sentiment artistique ; mais, parmi les phénomènes extérieurs qui sont perçus par un de nos sens, tous n'éveillent pas ce sentiment. Quand nous voyons un arbre ou un édifice, nous disons toujours : « Voilà un arbre, un édifice ». Mais nous ne disons pas toujours, tant s'en faut : « Voilà un arbre ou un édifice *beau* ou *laid* ».

Souvent la perception va de nos sens à notre cerveau sans éveiller ce jugement sur le beau ou sur le laid, qui est l'indice du sentiment artistique.

Pourquoi d'autres fois au contraire ce jugement est-il suscité et la perception du phénomène arrive-t-elle à notre entendement tamisée en quelque sorte par le sentiment artistique ?

Pourquoi, lorsque ce sentiment entre en jeu, le jugement porté est-il si variable suivant les individus, de telle sorte qu'un même objet puisse être trouvé beau par les uns, laid par d'autres, et indifférent par d'autres encore ?

Nous n'en savons rien évidemment ; mais avant d'aller plus loin, nous pouvons, de notre incertitude même, tirer déjà une première conclusion : c'est qu'en matière d'art tout particulièrement on doit admettre que toutes les opinions sont respectables.

Quand il s'agit de l'art on devrait, bien que ce soit difficile dans les questions de sentiment (nous l'avons vu à propos de la religiosité) professer la tolérance la plus absolue, parce qu'il n'existe pas de critérium pouvant déterminer, parmi les opinions artistiques individuelles, bien plus diverses encore que les opinions religieuses, quelles sont les bonnes et les mauvaises.

Ceci à l'inverse des questions scientifiques où il existe un critérium, celui de la vérification expérimentale, et où on peut par conséquent, sans être taxé d'intolérance, rejeter d'une façon absolue certaines doctrines, celles qui sont manifestement en désaccord avec ce critérium.

Une histoire de l'art ne peut être qu'un lexique pur et simple ; un traité sur l'art ne peut jamais prétendre qu'à exprimer les opinions personnelles de son auteur, et non à énoncer des vérités didactiques.

A défaut de la méthode *a priori* dont nous venons de reconnaître l'impuissance à déterminer ce qu'est le sentiment artistique, pouvons-nous espérer, au moyen de la méthode *a poste-*

riori, arriver à quelques conclusions de nature à éclairer notre sujet ?

La méthode expérimentale ou d'observation directe présente une difficulté spéciale provenant du *snobisme* ou badauderie, qui, en matière d'art plus peut-être qu'en toute autre, masque fréquemment les vraies opinions individuelles.

Voici un homme qui professe une admiration spéciale pour tel peintre, qui tombe en extase chaque fois qu'on lui présente une toile signée de son artiste préféré, et qui reste froid devant une toile non signée, œuvre, sans qu'il le sache, du même auteur.

Comment voulez-vous faire état de sa prétendue opinion ? Comment analyser un sentiment qu'il affecte bien d'éprouver, mais qu'en réalité *il n'éprouve pas*, puisque, par elle-même, la peinture qu'il prône le laisse manifestement indifférent.

Autre exemple :

Durant ces dernières années on a établi des tramways électriques dans presque toutes les villes civilisées et, presque partout, il s'est produit à cette occasion un courant d'opinion d'origine esthétique, nous voulons parler de la réprobation qu'a excitée chez un grand nombre de gens l'installation des trolleys aériens, considérés comme portant préjudice à la perspective des rues traversées.

Il paraissait y avoir là le point de départ d'observations très intéressantes au point de vue de la psychologie esthétique, car nous avions la chance, inespérée à notre époque d'ancienne civilisation où il n'y a plus rien de nouveau sous le soleil, de nous trouver en présence d'une opinion d'art vraiment innée, dégagée de ces préjugés d'école, de doctrine ou de tradition, et de ces influences ataviques qui dominent et obscurcissent presque toutes les questions d'art proprement dit.

Il n'y avait jamais eu de trolleys depuis que le monde existe ; on en installe aujourd'hui ; une fraction importante des hommes trouvent spontanément que cette disposition est laide et disgracieuse. Interrogeons ces protestataires, analysons leurs impressions et nous pourrons peut-être en tirer une conclusion d'une certaine généralité touchant l'essence du sentiment artistique.

Hélas, il a fallu en déchanter encore !

Dans plusieurs villes, nous avons demandé à de multiples protestataires simplement ceci : « Dans telle partie de telle rue y a-t-il le trol- « ley ? Où cesse-t-il exactement sur telle « ligne ? »

Nous posions ces questions très peu de jours après l'ouverture de la ligne, et nous avions soin de viser une rue, un quartier bien connus de notre interlocuteur.

Eh bien, malgré cela, dans la grande majorité des cas, celui-ci ne pouvait nous répondre.

Dans des quartiers où il passait journellement il ne s'était pas aperçu avec exactitude des endroits où régnait le trolley et de ceux où il était interrompu ; ce qui prouve péremptoirement qu'il n'était nullement choqué en réalité de la présence du trolley, et que le sentiment artistique dont il faisait parade était encore un sentiment *qui n'existait pas.*

Certes il y a bien quelques personnes qui ont vraiment une opinion sur ce point ; ce sont celles-là qui entraînent les autres. Mais enfin il ne s'agit là que d'impressions individuelles comme il y en a, favorables ou défavorables, dans toutes les questions artistiques ; elles ne font pas force de loi ; impossible de généraliser et de tirer des conclusions d'ensemble.

Si, faute de pouvoir facilement prendre un sentiment artistique sur le vif pour en saisir la nature essentielle, nous nous bornons à jeter un regard historique sur cette question chez tous les peuples, nous pouvons conclure une chose, c'est que pour une partie des hommes l'art est plutôt une *imitation*, et pour l'autre partie c'est plutôt une *création*.

Cette distinction correspond aux deux divisions de la mentalité sentimentale humaine que nous avons citées dans l'étude sur la religiosité, à savoir les matérialistes et les spiritualistes ; les premiers étant ceux qui sont surtout frappés par les phénomènes extérieurs, connus par la perception externe, par les sens ; les seconds attachant surtout de l'importance aux noumènes intérieurs, sentis par la perception interne ou conscience.

Pour les premiers, la beauté d'une œuvre artistique consiste dans la reproduction la plus exacte possible de ce qu'on voit, de ce qui tombe sous les sens ; c'est l'Art formel, le culte artistique identifié avec le culte de la forme.

Nous avons vu plus haut que la sensation et le sentiment coexistent toujours dans l'impression artistique, l'une comme cause première, l'autre comme cause seconde ou déterminante ; chez les peuples matérialistes la cause première a une influence prépondérante ; chez les spiritualistes, c'est la cause seconde.

Les Latins et surtout les Grecs furent les plus matérialistes des peuples connus ; la langue grecque ne possédait, fait peut-être sans analogie en linguistique, qu'un seul terme pour signifier le parfait défini du verbe voir et l'indicatif présent du verbe savoir.

J'ai vu et *je sais* étaient en grec deux termes absolument synonymes.

Heureux peuple, qui bornait sa curiosité à la connaissance de la forme sensible et estimait en savoir assez sur un objet lorsqu'il l'avait vu, alors que pour tant d'autres au contraire la vue de tout objet nouveau est un rappel lancinant du néant du savoir humain.

Aristote, l'un des esprits les plus éminents des races greco-latines, a dans sa *Poétique* défini l'art en général part un seul mot : l'art est une imitation.

Adéquation complète, pour lui, entre les deux termes ; tout ce qui est une imitation est de l'art ; tout ce qui est de l'art est une imitation.

Aussi les Greco-Latins se sont-ils, dans toutes leurs œuvres artistiques, tenus strictement dans la représentation de la réalité.

Dans les comédies d'Aristophane, les acteurs paraissaient en scène avec des masques reproduisant les traits des personnages, réels, désignés nommément par l'auteur.

Cette tendance à l'imitation pure et simple de la nature est sensible même dans l'art religieux de ces peuples.

Lorqu'il s'agit de représenter des divinités, c'est-à-dire des modèles qu'on n'a jamais vus, dont les sens humains sont incapables de donner la moindre connaissance, c'est évidemment alors, semble-t-il, que l'imagination peut librement se donner carrière, bien plus que dans les arts profanes, où on peut se contenter de représenter des objets tombant sous nos sens.

Eh bien les Greco-Latins, même dans leur art religieux, ne s'écartent que d'une façon très faible de l'imitation de la nature sensible ; c'est tout au plus s'ils adjoignent une paire d'ailes à quelques-unes de leurs divinités, Mercure et la Fortune par exemple, une queue de poisson à leurs syrènes, etc., mais tous leurs dieux ont figure humaine.

Leur imagination artistique n'a jamais été jusqu'à concevoir les dieux sous une forme autre ; leur art, même religieux, est encore imitateur.

Les peuples orientaux et asiatiques au contraire, de mentalité spiritualiste, se faisaient de leurs divinités une idée beaucoup plus importante, amenant la nécessité de les représenter sous une forme qu'ils rêvaient supra-humaine, et qu'ils exécutaient au moins extra-humaine ; leurs productions entrent beaucoup plus avant dans la voie de l'art créateur.

Non pas que la création y soit absolue; ce sont toujours des yeux, des bouches, des membres d'hommes ou d'animaux, ce qui prouve une fois de plus que tout sentiment artistique a bien son origine première dans la perception externe, mais enfin ils associent ces éléments réels d'une façon bien plus irréelle que dans le Mercure et les syrènes de l'antiquité classique.

Dans leurs arts profanes également, entraînés par leur esprit spiritualiste qui n'attache pas grande importance aux objets sensibles, ils ne s'astreignent pas à imiter exactement ces objets et préfèrent les représenter tels qu'ils les rêvent.

Les arbres, les animaux, les hommes mêmes sont le plus souvent figurés d'une façon plus ou moins fantastique par les Japonais, Chinois, et autres peuples orientaux.

Les masques humains grimaçants tiennent une place toute spéciale, par leur grand nombre et leur perfection, dans l'œuvre de leurs artistes.

Si nous avons reconnu qu'il n'existe pas une définition générale du beau et du sentiment artistique, peut-être pourrait-on hasarder pourtant une définition s'appliquant spécialement à la mentalité matérialiste, aux races éprises de la forme comme les Greco-Latins.

Ce que ces peuples nomment le beau paraît être un *certain rapport dans les proportions*.

Une belle figure est celle qui se rapproche le plus de ce rapport déterminé, considéré comme idéal, entre les dimensions de chacun de ses traits.

Ce rapport idéal varie certes avec les opinions individuelles, puisque le beau est toujours subjectif. Il y en a qui préfèrent les nez aquilins, c'est-à-dire plus long que larges ; d'autres peuvent préférer au contraire les nez camards, mais enfin les premiers comme les seconds font consister la beauté dans un rapport auquel, une fois adopté, chacun d'eux restent fidèles, et par conséquent cette définition de la beauté formelle a une certaine généralité.

Ceci est vrai bien entendu dans toutes les branches de l'art, et non pas seulement dans la peinture et la sculpture. Une œuvre d'art quelconque comporte, pour être trouvée belle, de certains rapports spécifiques.

14.

Les ouvrages lyriques de Victor Hugo sont appréciés de presque tous les Français ; ses ouvrages dramatiques sont au contraire relativement peu estimés, et l'auraient été encore moins sans la considération de la haute personnalité de leur auteur, c'est-à-dire sans le snobisme. Ceci parce que Victor Hugo a transporté sur son théâtre les proportions lyriques, alors que les proportions dramatiques sont estimées par nous devoir être différentes.

De même les pièces de Shakespeare, dont les proportions, adéquates à l'idéal dramatique du génie germano-scandinave (qui d'ailleurs s'inquiète moins des proportions) seraient, si ces pièces étaient jouées intégralement, trouvées fausses et jugées inesthétiques par notre public français.

Chez les peuples spiritualistes, c'est-à-dire non formalistes, cette définition du beau par la *proportion* ne s'applique plus guère.

Les peuples de l'Europe moderne, mélange de sang germano-scandinave et latin, présentent à cause de ce mélange des mentalités spiritualiste et matérialiste, un certain équilibre entre la tendance créatrice et la tendance imitatrice dans l'art.

En France, où les deux éléments ethniques existent presque par portions égales, l'art est naturellement d'un type encore plus pondéré, et c'est là la supériorité de l'art français ; nous trouvons ici un heureux (1) effet de cette presqu'équivalence des deux mentalités mélangées, que nous avons dénoncée ailleurs comme néfaste au point de vue politique et religieux.

Pourquoi fait-on ces deux constatations inverses ?

Pourquoi les mentalités opposées transigent-elles entre elles de façon à produire une sorte de métissage artistique, alors qu'elles se refusent à tout métissage religieux ?

Il serait difficile de le dire exactement.

Peut-être parce que l'homme considère comme plus importantes les questions religieuses, qu'il estime être d'un intérêt essentiel

---

(1) Si tant est qu'on puisse qualifier d'heureux un résultat artistique ; car après tout l'art est un plaisir ; chacun prend son plaisir où il le trouve, et nous serions tout aussi heureux si notre art était tout différent.

pour son bonheur éternel, alors que dans l'art il ne voit qu'une distraction transitoire. En matière de religion il serait donc moins disposé à une transaction qui nécessiterait l'abandon d'une partie des principes qu'il juge indispensables.

A l'époque de la Renaissance, la sentimentalité latine sembla un moment prendre le dessus en France ; elle aboutit au classicisme du siècle de Louis XIV, qui fut bien près d'être franchement latin.

Boileau par exemple, comme législateur de l'art poétique, est très peu différent d'Aristote et d'Horace.

Rien n'est beau que le vrai, le vrai seul est aimable.

Ceci est évidemment la profession de foi de l'école purement imitatrice, et la proscription absolue de la fantaisie, de la création dans l'art.

Ailleurs Boileau veut bien convenir qu'un serpent ou un monstre odieux peuvent être artistiques, mais il ajoute un correctif :

Il n'est pas de serpent ni de monstre odieux
Qui par l'art *imité* ne puisse plaire aux yeux.

Le mot *imité* prouve qu'il entend toujours des animaux réels et non pas de ces animaux chimériques qu'autorise et qu'affectionne l'art oriental par exemple.

De nos jours au contraire, et depuis quelques années, ce que nous appelons l'*art nouveau* indique une tendance contraire, une orientation assez franche vers l'art créateur, et non plus imitateur.

Nous représentons des êtres, animaux ou végétaux, bien plus inexistants que les syrènes antiques et les classiques feuilles d'acanthe architecturales ; nous dépassons certainement, d'une façon assez sensible, la dose d'irréalité autorisée par l'art gréco-latin.

Mais avec, suivant les époques, des oscillations un peu en deçà et un peu au delà, on peut dire que nous nous tenons en France toujours à peu près dans le juste milieu en matière artistique.

Tout en contenant bien plus d'objectif que les arts orientaux, notre art exprime plus de subjectif que les arts gréco-latins.

En art, le subjectif, c'est-à-dire la quantité de personnalité qu'y met chaque artiste, se mesure bien évidemment par la variété entre les œuvres des divers artistes.

Or, nos œuvres sont bien plus variées que celles de l'antiquité, non seulement au point de vue de la diversité des motifs et des scènes reproduites (ceci pourrait ne provenir que de la civilisation plus avancée ayant étendu les limites du champ d'activité de la vie humaine) mais encore au point de vue de la diversité des figures mêmes.

Les têtes de femme des artistes grecs, par exemple, ont presque toutes un air de famille, au lieu que celles que nous présentent nos divers artistes ont une infinie variété d'expressions.

La forme, tout en étant encore peut-être prépondérante, n'est plus l'objet de notre culte exclusif; c'est chez nous, et récemment, qu'a pu être énoncé l'adage :

« La forme n'est rien, mais rien n'est sans la forme ».

Jugement très exact porté sur l'art français par quelqu'un qui s'y connaissait, et qui n'a eu que le tort de donner cet aphorisme comme s'appliquant à l'art universel.

CHAPITRE II

CLASSIFICATION DE L'ART

Habituellement on subdivise l'art en peinture, sculpture, gravure, architecture, musique, danse, littérature épique, lyrique, dramatique, etc.

Ces divisions sont fondées sur les différences techniques entre les diverses branches de l'art.

Comme pour apprendre à peindre un tableau il faut se livrer à un autre genre d'études que pour apprendre à construire un édifice, etc., on en a conclu qu'il existe un art de la peinture, un art de l'architecture, etc.

Ceci n'est évidemment qu'une façon de s'exprimer, due à la pauvreté de la langue, dans laquelle l'expression *art* désigne à la fois un métier et un art proprement dit.

En réalité, l'Art est unique, comme le beau dont il est le culte.

Ce qu'on doit dire seulement, c'est qu'on peut employer divers moyens, la peinture, l'architecture, etc., pour arriver à ce but unique qui est de transporter dans l'esprit de l'amateur l'impression d'art qui a été ressentie par l'artiste.

La peinture, l'architecture, la sculpture, etc., sont bien si l'on veut des *véhicules différents* de l'art, mais ce ne sont pas des arts distincts.

Une classification fondée sur la technique de l'art n'est pas rationnelle en principe, car la technique, c'est ce par quoi l'art se rapproche de la science, c'est-à-dire en quelque sorte s'éloigne de lui-même.

Avec cette méthode défectueuse de classification on arrive à des illogismes, comme par exemple de séparer la peinture et la sculpture qui, à la technique près, ne diffèrent en rien entre elles, puisqu'elles ont toutes deux pour but la représentation aux yeux des objets extérieurs.

On les sépare tellement de nos jours qu'il est admis d'une façon courante que la sculpture peinte n'est pas du grand art.

Ceci par exemple est un aphorisme fort discutable.

Les peintres, fiers de leur savoir technique, trouvent indigne d'eux de passer de simples teintes plates sur des statues, ce qui les rabaisserait en quelque sorte comparativement à leurs collaborateurs les sculpteurs, chargés de la partie la plus difficile, la mise en valeur des ombres et des lumières, obtenue ici par des reliefs.

Les artistes ont donc une propension à déclarer que cette façon de procéder n'est qu'un art de bas étage ; et les snobs suivent, trouvant d'ailleurs à étayer leur opinion par ce fait très réel, qu'à notre époque du moins les statues enluminées ne sont exécutées que par des artisans, de talent fort secondaire.

Mais que ces snobs prennent la peine d'aller voir par exemple le buste de femme dénommé : « La tête de cire » qui se trouve toujours, croyons-nous, au musée de Lille. Ce buste est attribué par certains à Raphaël, dont il représenterait à peu près la seule œuvre de sculpture que l'on connaisse.

L'œuvre n'est peut-être pas de Raphaël, mais elle n'en est pas moins belle pour cela ; malgré que le temps ait bien altéré les teintes, ce qui en demeure suffit amplement pour montrer que la sculpture peinte, traitée par un artiste de vrai talent, est loin d'être un art inférieur.

Les snobs même le reconnaîtront, l'œuvre devant trouver grâce à leurs yeux, tout au moins par le fait de son attribution à Raphaël.

Cette forme de l'art, la sculpture peinte, est d'ailleurs une des premières et des plus universelles qu'on constate dans l'humanité.

L'enfant préfère les jouets en bois peint à ceux en bois blanc.

Dès que les hommes, à l'origine de la civilisation, savent préparer deux ou trois couleurs, ils en enluminent leurs sculptures grossières ; la désuétude et le discrédit où cet art tombe plus tard est un des méfaits de la technique perfectionnée, méfaits dont il y a bien d'autres exemples, et qui sont tous dus à la cause suivante :

Quand la complication de la technique est devenue telle qu'un artiste, même le mieux doué, est forcé à de longues et patientes études pour s'en rendre maître, il en arrive naturellement à estimer grandement cette habileté difficilement acquise, à l'estimer plus même que les dispositions artistiques naturelles.

La phalange des artistes tourne alors au mandarinat ; ils ne recherchent plus les suffrages du public, mais leurs suffrages réciproques et ceux d'une minorité de dilettanti, qu'ils croient être une élite par le fait qu'elle est une minorité.

Ceci est vrai, bien évidemment, pour les sciences, dont le langage ne peut être compris que par des initiés ; ces derniers sont bien les seuls suffragants souhaitables pour le savant, les seuls qui puissent apprécier pleinement ses œuvres et ses découvertes. Ici l'élite et la minorité se confondent.

Mais c'est faux pour l'art.

Le sentiment du beau est naturel chez tous les hommes ; il n'y a pas besoin de l'enseigner, et on ne peut même pas l'enseigner au vrai sens du mot.

On dit par exemple que les études classiques forment le goût. Oui, si on entend par ce mot qu'elles l'enferment dans un moule de forme déterminée.

Certes, on peut par l'éducation, par la culture de l'esprit humain, modifier dans une certaine mesure la forme primitive et innée du sentiment artistique, faire à la longue trouver beau à un homme ce qu'il trouvait laid auparavant. Mais quand on aura, plus ou moins péniblement, obtenu ce résultat, nul ne sera autorisé à affirmer que cette modification est une amélioration, et que l'opinion des gens instruits en art doit légitimement prévaloir sur celle des ignorants.

La raison : *Magister dixit* a une valeur radicalement nulle en matière artistique.

Le qualificatif même de maître, appliqué à un artiste est de pure phraséologie. L'artiste n'a pas à enseigner l'art au peuple ; il n'a qu'à traduire, suivant sa nature et de la façon qui lui paraît la meilleure, l'impression d'art qu'il ressent lui-même, et à livrer cette traduction, toute brute, au public.

Si le public reste froid, cela ne voudra pas dire pour cela que l'artiste a mal travaillé, au sens absolu du mot, puisque l'absolu, l'objectif n'existent pas dans les questions artistiques ; mais cela signifiera tout au moins qu'il n'a pas rempli son but, parce que le but unique de toute œuvre artistique est de transporter, de véhiculer l'impression de l'auteur dans l'âme du spectateur.

Ceci bien entendu au point de vue social, le seul qui nous occupe ici ; car, au point de vue humain, on peut très bien concevoir que l'artiste travaille uniquement pour sa propre satisfaction.

La classification usuelle des arts, que nous avons trouvée irrationnelle, est de plus incomplète.

On est étonné de n'y voir pas figurer, par exemple, l'art de la parure humaine, la mode.

C'est bien là une forme de l'art qui a une technique particulière, et qui mériterait à ce titre de figurer dans la classification fondée sur la différence des techniques, à moins que l'on prétende que la parure n'est pas un art du tout.

Mais ceci serait difficile à soutenir.

Eh quoi ! ce serait de l'art de reproduire, comme on le fait par la peinture, la forme humaine telle qu'elle est, même laide, et ce n'en serait pas de chercher à embellir cette même forme par la parure.

Reconnaître simplement le beau du laid, c'est certes une partie indispensable du sentiment artistique, mais ce n'en est que la première partie, le degré inférieur.

Le degré supérieur consiste justement à désirer une augmentation de la beauté et une diminution de la laideur.

Et ici on a vraiment le droit d'employer ces qualificatifs : inférieur et supérieur, qui sont déplacés quand on les applique à telle ou telle branche de l'art.

On ne peut prétendre que le peintre, par exemple, soit un artiste supérieur au littérateur, ou vice versa, mais on peut affirmer que l'effort vers la parure, vers l'embellissement, sous quelque forme qu'il se produise, soit dans la peinture, la littérature, etc., est le fait d'un art plus élevé que la simple distinction du beau et du laid, et leur reproduction telle quelle.

Dira-t-on aussi que la mode n'est pas un art parce que le vêtement répond à un besoin, et que son but essentiel est une utilité, et non un agrément ?

Mais alors que dire de l'architecture ?

La construction des édifices tend bien d'ailleurs à un but utilitaire, s'ensuit-il que l'art en soit exclu ?

Tout ce qu'on peut dire, c'est qu'en même temps que des beaux-arts, l'architecture et la parure humaine étant des arts utiles, sont par cela même parmi les plus suggestifs des arts, en ce sens qu'ils nous donnent mieux que d'autres la connaissance des goûts et des sentiments respectifs des peuples disparus.

Sans la parure, que nous indiquerait la peinture sur les âges écoulés ? Si elle nous représentait les portraits des anciens temps en figures nues, ou toutes habillées de la même façon, cela ne nous apprendrait rien sur l'âme et les mœurs de ces générations.

Au contraire les costumes, comme les monuments d'un peuple, et comme aussi ses œuvres littéraires, nous conservent des documents exacts et précieux, tout en éveillant notre sentiment esthétique, et rien n'autorise à exclure la toilette, la parure humaine, de la liste des formes ou véhicules de l'art.

Ce qu'il faut reconnaître par exemple, c'est que nulle part ailleurs cette végétation parasite de tout sentiment artistique, le snobisme, ne s'épanouit avec une aussi grande intensité.

Ils sont très rares les gens, à notre époque, qui suivent en matière de toilette leurs propres goûts, leurs opinions personnelles.

Les snobs sont des êtres bien particuliers, pourrait-on dire, si ce qualificatif ne jurait d'autre part avec leur nombre immense.

Sans être un simulateur, le snob professe ouvertement des sentiments qu'il n'éprouve pas en réalité.

Il accepte des opinions toute faites, fausses parfois, sans être forcément un imbécile. L'imbécile en effet est celui qui ne peut pas comprendre quelque chose ; le snob au contraire est celui qui ne veut pas même essayer de comprendre.

Une renonciation temporaire à l'usage de la faculté de jugement, telle est la définition du snobisme ou badauderie.

C'est le fétichisme du principe : *Magister dixit,* appliqué en des matières où, nous l'avons vu, nul n'a qualité pour se dire *magister*, car il n'existe pas de critérium de la vérité des paroles magistrales.

Si quelque professeur vous enseigne que la terre tourne autour du soleil en 365 jours, ou que la bataille de Waterloo a eu lieu en 1815, vous avez un moyen de vérifier ses paroles : c'est de faire ce qu'il a dû faire lui-même, d'aller aux sources scientifiques ou historiques, de vérifier l'exactitude des calculs qui déterminent la trajectoire de la terre, ou l'authenticité des documents relatifs à la bataille de Waterloo. Dans bien des cas vous ne faites pas ce travail de vérification, mais vous savez qu'il est possible ; l'existence de ce critérium vous rassure et vous permet d'ajouter foi aux paroles du professeur ; le principe *magister dixit* est applicable dans l'ordre scientifique.

Mais voici un Monsieur, professionnel ou amateur, peu importe, qui vient vous affirmer, Madame, que vous devez de toute nécessité porter cette année des chapeaux ronds, et qui l'année prochaine vous dira qu'il n'y a pas de jolies femmes possibles sans chapeaux pointus.

Qu'allez-vous faire, Madame, en face de cette doctrine abasourdissante au premier, et même au second abord ?

Remonter aux sources de cette allégation ?

Il ne peut y en avoir d'autres que le goût personnel de votre interlocuteur, à moins qu'il ne soit snob lui-même et n'ait pas d'opinion personnelle. Mais admettons qu'il en possède vraiment une, s'ensuivra-t-il que cette opinion devra être la vôtre, ou celle des personnes dont vous voulez vous faire admirer ?

Ceci demande au moins à être vérifié.

Si vous faites cette vérification, si vous ne choisissez un chapeau qu'après avoir comparé les diverses formes, vous faites preuve, Madame, de goût personnel, c'est-à-dire de sentiment artistique.

Si au contraire vous allez tout de gô vous commander un chapeau de la forme prescrite par le codex de la mode actuelle, j'ai le regret de vous dire que vous tombez dans le snobisme, qui est la négation même du sentiment artistique.

Vous dites que ce chapeau à la mode vous va à ravir; c'est possible, mais c'est quoiqu'à la mode et non point, comme vous le croyez, parce qu'à la mode.

Un chapeau à la mode peut vous aller fort mal. Je sais bien qu'il arrive fréquemment, Madame, que vous demeurez charmante, quelque effort que vous fassiez pour vous enlaidir; mais il n'en faut pas moins vous prémunir contre cette toute-puissante suggestion de la mode, qui pourrait jouer de mauvais tours à votre coquetterie, parce que tous ceux qui vous voient ne partagent peut-être pas cette suggestion. Ils gardent alors leur liberté d'appréciation et... ils s'en servent, n'en doutez pas un instant.

Si on voit dans la mode autre chose qu'un simple conseil et une base de comparaison, si on la suit coûte que coûte, on fait preuve d'une absence totale de goût. Ceci est bien évident *a priori*, puisque la mode consiste à être habillés tous ou toutes de la même façon, et qu'il est impossible qu'un type unique de toilette soit seyant pour toutes les physionomies et toutes les conformations.

La mode tend à l'uniformité; le goût tend à la variété; il y a incompatibilité absolue d'humeur entre ces deux frères ennemis.

— Il y a encore d'autres reproches que l'on peut adresser à la classification usuelle des arts.

Dans un même livre, un roman par exemple, vous lisez ici la description d'un paysage et plus loin un récit d'aventures. Vous appelez cela du nom commun de littérature, et pourtant l'impression artistique est on ne peut plus différente; dans le premier cas, cela confine à la peinture, et dans le second, à l'art dramatique.

La littérature ne peut donc être considérée

comme représentant une division, et une seule, de l'art.

Vous admettez aussi la danse comme un terme de votre classification, toujours pour la raison unique qu'elle comporte une technique spécifique ; mais la danse n'est pas en réalité un art spécial, qu'on la considère chez le danseur ou chez le spectateur.

On peut danser soi-même pour se dégourdir les membres et activer la circulation du sang ; c'est un plaisir, mais qui n'a rien d'artistique.

On peut le faire aussi, entre sexes différents, en vertu d'un attrait d'origine génésique ; c'est de l'amour, mais non encore de l'art.

Quant au spectateur, il peut être poussé par le même sentiment génésique, et c'est souvent ainsi puisque le public, en majorité masculin, goûte le spectacle des danseuses bien plus que celui des danseurs.

Il peut aussi, il est vrai, admirer platoniquement les formes et les attitudes des ballerines, mais alors c'est le même art que la peinture, ou s'émerveiller de la richesse et du goût de leurs costumes, et c'est alors purement et simplement à l'art de la parure qu'il se complaît.

Dans aucun cas, on ne trouve dans la danse trace d'un sentiment artistique spécifique.

— Nous venons de voir par ce qui précède que le système de classification de l'art, fondé sur les différences techniques, est toujours irrationnel, parfois incomplet, et parfois surérogatoire.

Quel autre critérium pourrait-on donc employer pour cette classification ?

Nous avons vu que la perception du beau émane toujours d'un phénomène sensible, c'est-à-dire qui tombe sous un de nos cinq sens. Adopterons-nous donc ces sens eux-mêmes comme base de classification ?

Une telle méthode serait encore confuse et artificielle, car si nos cinq sens sont bien distincts physiologiquement parlant, il n'en est pas de même au point de vue psychologique.

Leur rôle commun est de transporter les sensations au cerveau, et une fois que celles-ci sont cérébralisées, passées dans l'ordre psychique, il n'y a plus aucune différence essentielle

rappelant celui des sens qui leur a donné
accès.

Or, ce n'est justement qu'après cette trans-
formation de la sensation en sentiment qu'apparaît l'impression artistique.

Vous lisez une page de littérature, ou vous
en écoutez la lecture faite par une autre personne.

L'impression artistique produite sur vous est
absolument la même, bien que dans le premier cas sa cause ait pénétré dans votre entendement par le canal de la vue, et dans le
second cas par celui de l'ouïe.

C'est une même forme de l'art ayant deux
sens différents pour sources.

Inversement un même sens peut donner
naissance à des impressions artistiques différentes : la musique, l'éloquence, par exemple,
prennent toutes deux naissance dans l'ouïe.

Les sens diffèrent si peu entre eux psychiquement qu'ils s'aident et se suppléent souvent.

Chez un aveugle, bien des impressions dues
à la vue chez l'homme normal se produisent

par l'intermédiaire de l'ouïe et du toucher ; le toucher peut dans ce cas être une vraie source de sensations artistiques ; un aveugle perçoit fort bien, par ce moyen, la notion d'un beau corps ou d'une belle figure.

Pour ces raisons, nous devons reconnaître que la classification de l'art d'après ses sources subjectives physiologiques, c'est-à-dire d'après nos sens, bien que rationnelle en principe, serait encore artificielle en fait.

Puisque, d'autre part, nous avons vu l'impossibilité de connaître l'art objectivement, et par conséquent de le classer d'après ses sources objectives, il ne nous reste alors que la classification suivant ses sources subjectives psychologiques.

Dans cet ordre d'idées, il y a deux divisions dans le sentiment artistique, suivant que l'origine en est prise plutôt dans le monde extérieur, c'est-à-dire parmi les phénomènes, ou dans le domaine interne de la conscience, dans le monde des noumènes.

Nous disons *plutôt*, et non pas *exclusivement*, car il y a toujours dans le sentiment artistique des noumènes superposés à des phénomènes ; mais enfin le mélange des deux est en proportions inégales.

L'art à origine plutôt phénoménale comprendrait la peinture-sculpture, l'architecture, la parure-danse, et la littérature descriptive parlée ou écrite.

Rentreraient dans la classe plutôt nouménale les littératures lyriques et psychologiques, parlées ou écrites, le drame et la musique.

— Pour cette dernière, il y a lieu de faire bien des réserves, car c'est une forme toute spéciale de l'art, bien différente de toutes les autres.

La musique est un art extra-nouménal en quelque sorte ; le monde des sentiments interne tout entier est atteint et remué par elle.

Un air de musique suffit à évoquer en nous, sans raisons perceptibles, une période du passé, ou de l'avenir, ou même de l'inexistant et de l'impossible.

Un tableau éveille le sentiment du beau : « Voilà, dit-on par exemple, un joli paysage. » Tout au plus, ajoute-t-on : « Il ferait bon y vivre. » C'est-à-dire qu'à la rigueur la peinture éveille encore le sentiment du plaisir ou de la peine, de la joie ou de la tristesse ; mais l'impression de la peinture s'arrête là.

La musique, au contraire, non seulement excite la joie ou la tristesse d'une façon encore plus intense, mais encore suggère le sentiment du bien et du mal, de la bonté et de la méchanceté, qui est le noumène par excellence, le plus indépendant de toute cause venant du monde extérieur, du non moi.

Pour nous rendre méchants ou bons, aussi bien que pour nous rendre gais ou tristes, la musique tient lieu de motifs externes ; de tout temps les airs guerriers ont été employés pour exciter les hommes au carnage, et les cantiques religieux comme adjuvants de la morale.

On peut nous objecter que d'autres arts, comme la Poésie et l'Éloquence, excitent aussi en nous le sentiment du bien et du mal, mais ce n'est pas du tout la même chose. Dans la Poésie et l'Éloquence, nous entendons des mots, exprimant des idées et par conséquent nous donnant des raisons d'éprouver tel ou tel sentiment. Ce n'est pas en tant qu'arts instinctifs qu'elles nous émeuvent, mais en tant que véhicules du raisonnement.

Certes la grandiloquence y est pour quelque chose; sans cela ce ne serait pas de l'art, mais elle n'y est pas pour tout.

La musique, au contraire, agit même sans qu'il y ait de paroles, et s'il y a des paroles, elle en décuple l'efficacité.

Le sentiment de la musique est bien plus général parmi tous les peuples et à tous les âges que n'importe quel autre sentiment artistique.

Il est aussi plus uniforme, c'est-à-dire qu'il comporte en réalité bien moins de divergences entre les appréciations particulières ; nous disons en réalité, c'est-à-dire si on ne tient pas compte du snobisme, qui, là comme ailleurs, suscite des partis-pris apparents pour telle ou telle école.

La musique est le seul art dont le sentiment s'étende aux animaux.

Mettez n'importe quel animal, même de ceux réputés les plus intelligents, devant un tableau, une statue, récitez-lui une poésie, etc. ; vous ne constaterez jamais, même dans les marques de bref étonnement qu'il pourra parfois donner, le moindre indice de compréhension.

L'anecdote de ce peintre grec du temps de Périclès qui prétendait que les oiseaux venaient béqueter des raisins peints par lui nous paraît devoir être rangée parmi les tartarinades, au même titre que celle plus moderne du dompteur marseillais qui, pour éduquer ses fauves, avait tapissé leur cage de tableaux représentant des hommes en train de dévorer à belles dents des lions et des tigres.

En réalité l'observation montre que les animaux sont radicalement insensibles à tous les arts, sauf à la musique, par laquelle un certain nombre d'entre eux, beaucoup de serpents par exemple, sont nettement impressionnés.

Le chant des oiseaux ne peut être confondu avec les cris intermittents qui, chez les autres espèces animales et chez les oiseaux eux-mêmes, servent à exprimer un besoin, un désir, un appel, un sentiment non artistique en un mot.

Si les oiseaux utilisent l'aptitude naturelle de

leur gosier en modulations variées, en roulades interminables, c'est, à n'en pas douter, qu'ils en éprouvent un certain plaisir, et par conséquent qu'ils sont sensibles à la musique.

Cette généralité et cette uniformité de sensibilité à la musique qu'on remarque chez les êtres vivants, même non humains, semblent indiquer que la musique contient une certaine quantité d'objectif, qu'elle existe peut-être en réalité, et non pas seulement en tant que sentiment éprouvé par nous, alors que pour les autres arts rien n'autorise à une conclusion pareille.

Si l'humanité disparaissait demain, il n'y aurait plus d'éloquence ni de poésie, il n'y aurait plus de peinture, de sculpture ni d'architecture.

Les castors, les fourmis, les abeilles continueraient, il est vrai, leurs constructions, mais comme ces animaux façonnent des ouvrages toujours identiques, on ne peut pas dire que ce soit de l'art comme le chant des oiseaux.

Il y aurait encore de belles choses sur la terre, mais il n'y aurait plus personne pour les trouver belles, et alors pouvons-nous dire vraiment qu'elles le seraient encore, et même qu'elles le sont aujourd'hui ?

Pour la musique c'est autre chose.

Avant d'être trouvées par nous belles ou laides, justes ou discordantes, les notes existent réellement, puisqu'il faut pour chacune d'elles une quantité déterminée de vibrations à la seconde, puisqu'elles sont des *nombres*, la chose la plus réelle, la seule chose de la réalité de laquelle nous soyons à peu près certains, bien plus par exemple que de celle de la matière elle-même.

Cette analogie du nombre avec la musique est si vraie qu'il n'est pas rare de voir des esprits strictement mathématiciens être également bien doués pour la musique, tout en étant totalement inaptes aux autres arts.

L'homme qui est, on peut le dire, plus mathématicien que la femme, plus habile aux sciences logiques et exactes, est également doué de plus d'aptitude qu'elle pour la musique.

Pour s'en assurer, il suffit de considérer qu'un plus grand nombre d'hommes arrivent

à la notoriété musicale, soit comme compositeurs, soit comme exécutants, alors que le nombre total des élèves qui entament l'étude de la
musique est énormément plus grand chez les
femmes.

Les mathématiciens montrent au contraire
rarement des dispositions pour la peinture, bien
que les couleurs soient probablement, elles
aussi, des nombres de vibrations.

Ceci est étonnant au premier abord, mais à
la réflexion on aperçoit une différence entre la
peinture et la musique, qui explique cette contradiction dans une certaine mesure.

Le peintre n'a qu'à imiter les couleurs qu'il
voit dans la nature; il n'a pas à les créer; il
n'est donc pas utile qu'il ait la notion innée de
l'essence de la couleur, qui est mathématique,
mais seulement la notion de la comparaison
entre les diverses couleurs. Il n'a donc pas
besoin d'avoir un esprit mathématique.

Le musicien au contraire, n'imite rien, il
crée; il lui faut donc une conception, au moins
implicite, à la fois de l'essence de l'harmonie
et de celle de l'âme humaine, reliées entre

elles par des relations inexpliquées, mais si intimes et si profondes qu'il n'est aucune corde de la seconde que ne fasse vibrer la première.

Cette analogie constatée entre les mathématiques et la musique doit-elle nous faire conclure que celle-ci est presque une science?

Bien au contraire, c'est de tous les arts celui qui est le plus éloigné d'être une science ; c'est le plus instinctif, le moins raisonné et le moins enseignable ; c'est celui en un mot qui nous représente le mieux l'art en soi.

Alors que faut-il conclure de cette apparente anomalie.

Rien pour le moment, si ce n'est que nous ignorons beaucoup de choses, et que peut-être un jour, dont nous sommes encore loin, ce sera l'explication de ces affinités entre l'âme humaine, la musique et les mathématiques, qui nous mettra sur la voie de la synthèse, unique et mystérieuse, de la Philosophie, de l'Art et de la Science, synthèse dont la possibilité est encore insoupçonnée aujourd'hui.

CHAPITRE III

L'ART EN SOCIOLOGIE

Nous avons dit en commençant la présente étude que la sociologie devait tenir compte du sentiment artistique à cause de sa généralité.

Cela parce que cette généralité, facilement constatable, en fait un sentiment humain, et que l'adage :

Humani nihil a me alienum puto

est un des principes immuables de la sociologie, science où cependant les principes généraux *a priori* sont rares, et où on en est souvent réduit à s'inspirer de l'expérience et des circonstances.

Mais si le sentiment artistique est constatable,

nous avons vu également, dans le premier chapitre, qu'il est complètement indéfinissable, et
dans le second, qu'il est à peu près inclas-
sable.

Ces caractéristiques placent l'art dans une
situation assez spéciale et un peu différente de
la religiosité.

Cette dernière est moins mystérieuse ; nous
avons reconnu, tout au moins, son origine
rationnelle, qui est le désir de l'homme d'augmenter sa propre liberté, en recherchant la
connaissance de la métaliberté qui la borne, et
en priant cette métaliberté quand il croit la
connaître.

La religiosité, à l'inverse de l'art, est donc
définissable dans une certaine mesure.

Ils ont d'ailleurs ce côté commun que tous
deux, étant d'origine sentimentale, constituent
ensemble une classe spéciale en sociologie, les
autres fait sociaux, qui forment l'objet des
sciences économiques et juridiques, étant d'origine sensuelle ou intellectuelle.

Quant à l'amour, on peut hésiter sur son
classement, car l'intrusion de la sentimentalité

qui, nous le constatons aujourd'hui, s'y superpose à la sensualité, est peut-être accidentelle,
et ceci n'est peut-être pas un état de choses
primordial et essentiel de la nature humaine.

On peut très bien imaginer une race, une
nation où les rapports des sexes seraient totalement dépourvus de sentimentalité, comme
cela se passe chez certains animaux, car la
fonction sexuelle est strictement animale, et est
bien loin de constituer une caractéristique de
l'humanité.

Aussi avons-nous vu, dans l'étude sur l'amour,
que la loi doit en général se garder d'intervenir
dans les questions sexuelles au point de vue
sentimental ; elle risquerait de faire fausse
route.

Pour la religion et l'art, il n'en est plus de
même ; ce sont essentiellement des caractéristiques de l'humanité (1) d'une part, et des concepts purement sentimentaux d'autre part.

La loi ne peut les traiter qu'en tant que
sentiments, puisqu'ils ne sont que cela.

____

(1) A l'exception peut-être de la musique (voir chapitre II).

Mais la loi a-t-elle le droit de régir les sentiments des citoyens ? Ceci est une grosse question.

Si elle entreprend de les régir, comment pourra-t-elle le faire sans tomber dans l'arbitraire, puisqu'il n'y a pas de criterium pour indiquer si un sentiment instinctif, religieux ou artistique, est bon ou mauvais, pour déterminer lequel des deux est dans son droit, de la loi qui condamne ou du citoyen qui est condamné ?

Et si elle l'omet, comment concilier cette omission complète avec le devoir sociologique de tenir compte dans les lois sociales de tout ce qui est humain ?

On peut conclure qu'en principe la loi peut intervenir *quantitativement* dans les questions de sentiment, mais n'a pas à intervenir *qualitativement*.

C'est à peu près ce qu'on entend en disant que la loi doit consacrer la *liberté de conscience*, expression qui n'est pas très claire par elle-même, et qui serait même fausse si, prenant le terme conscience dans son acception générale philosophique, on prétendait étendre la liberté nécessaire non plus seulement aux questions de sentiments, mais à tous les noumènes, intellectuels et moraux, de la perception interne.

Qualitativement donc, la sociologie doit se borner à faire des constatations, ce qui peut d'ailleurs lui être fort utile.

Par exemple de l'observation de la forme de l'art national comme de celle du dogme religieux, elle déduira si la mentalité de la nation est spiritualiste ou matérialiste; ceci n'est qu'un indice, mais précieux, et qui ne doit être perdu de vue dans la confection d'aucune loi, car l'effet de cette différence de mentalité s'étend à toutes sortes de faits sociaux.

Mais la loi ne peut aller au delà; elle ne peut valablement déclarer que les citoyens doivent trouver belles telles choses et laides telles autres, pas plus qu'elle ne pourrait ordonner d'adorer la divinité sous une forme déterminée.

Nous avons conclu, il est vrai, dans l'étude sur la religiosité, que les gouvernements prétendûment armés d'un droit souverain sur leurs sujets ne pouvaient se passer d'instituer précisément ce dogme déterminé, cette religion d'État ; mais nous n'avons pas caché d'autre part que nous considérions comme absurde la croyance au droit souverain qui, s'il existait, justifierait d'ailleurs tout aussi bien l'installation d'un art d'Etat.

Par contre, venons-nous de dire, la loi, même sous un gouvernement non souverain, peut intervenir dans la quantité du sentiment artistique, quand elle devient socialement abusive, ce qui a lieu dans les deux mêmes cas que pour le sentiment religieux, à savoir lorsque cet abus peut causer un préjudice :

1º A celui-là même qui l'éprouve, s'il n'a pas bien conscience de ce préjudice possible ;

2º Aux autres citoyens.

Comme exemple du premier cas, on peut citer les tortures que s'imposent les femmes chinoises pour arriver à cette petitesse du pied que leur esthétique leur commande.

Dans un cas pareil, et sans avoir aucunement le droit de juger la *qualité* de cette esthétique, c'est-à-dire de proclamer que de tels pieds sont au contraire fort laids, le gouvernement pourrait fort bien faire observer aux patientes que ces pratiques douloureuses par elles-mêmes ne donnent qu'un résultat incommode, antihygiénique (1), etc., qu'ici l'art empiète un peu sur le domaine de l'utilité, devient abusif par sa *quantité*.

Si, averties, les femmes chinoises persistent d'ailleurs, le gouvernement n'a plus rien à dire.

Dans le cas où le préjudice est causé à autrui, le rôle de la loi, toujours comme nous l'avons vu pour le sentiment religieux, dépasse la simple admonestation et va jusqu'à l'interdiction et à la punition.

Ce droit est ce qu'on appelle la *censure* artistique, question qui a fait couler beaucoup d'encre.

En dépit des apparences superficielles, ce n'est pas sur la qualité de l'art, comme nous

(1) Au point de vue de l'hygiène, on pourrait dire pis encore du corset de certaines femmes européennes ; nous n'avons choisi l'exemple des Chinoises que pour être mieux crus, parce que nul n'est prophète dans son pays.

venons de le dire, que doit s'exercer le droit de censure, et ses adversaires ont beau jeu à proclamer que le domaine de l'art proprement dit doit lui échapper.

Ce que la censure a le droit d'atteindre, ce sont les cas où l'art est en conflit avec autre chose, où il sort de son domaine, étend abusivement ses frontières, où sa *quantité* devient par conséquent excessive.

On défend d'ailleurs mal le droit de censure, si pour définir les empiétements prohibés à l'art on invoque des abstractions, si on dit par exemple qu'on doit interdire ou punir ce qui, dans les manifestations artistiques, porte atteinte à la morale, à la religion, à la courtoisie internationale, etc.

Outre que l'acception du terme *morale* est souvent faussée chez nous, surtout en ce qui concerne les questions genésiques, comme nous l'avons fait remarquer dans la première étude de ce volume, l'Etat n'a pas à connaître de la morale en soi, ni à prendre parti sur des questions religieuses, ni à s'occuper, en principe, du tort fait à d'autres nations.

L'Etat n'a rien à voir avec les abstractions ; il n'a à défendre que les droits des personnes, et de celles-là seulement dont il a la charge, à savoir des nationaux et non pas des étrangers.

Il ne peut donc intervenir que s'il y a préjudice porté réellement :

1° A la nation qui, elle, est loin d'être une abstraction, mais existe bien réellement, en chair et en os peut-on dire, dans l'ensemble des citoyens ;

2° A des citoyens pris individuellement.

Il y a bien des cas, certes, où le criterium du préjudice aux personnes se confond en pratique avec celui de l'atteinte aux abstractions.

Par exemple si un roman ou une pièce de théâtre prêche ouvertement le vol ou l'assassinat, c'est immoral et on doit l'interdire, soit.

Mais on doit l'interdire, non parce que c'est immoral, mais parce que si on prenait ces préceptes au pied de la lettre, si les vols ou les assassinats passaient de l'état d'exception à l'état de règle, l'ensemble des citoyens seraient gravement lésés, la nation ne serait pas heureuse.

Mais par contre, supposons qu'une pièce de

théâtre offense une nation étrangère. En suivant le criterium abstrait de la courtoisie internationale, nous devrions toujours interdire cette pièce.

Eh bien, en réalité non ; nous ne devons pas l'interdire s'il s'agit d'une nation dont la nôtre n'a *absolument rien* à craindre ; dans le cas contraire oui, mais ce n'est pas par courtoisie, c'est par sollicitude pour notre propre nation, à qui il pourrait en cuire.

Ceci peut paraître un peu cynique, mais c'est rigoureusement exact.

En ce qui a trait aux offenses individuelles entre citoyens, supposons qu'un livre décrie un particulier désigné, ou qu'un tableau le représente en train de commettre une action honteuse, que doit faire la loi ?

Si ce particulier n'a pas commis l'action qu'on lui reproche, s'il est attaqué calomnieusement, il n'y a pas de doute : l'artiste calomniateur doit être puni, quoiqu'artiste, parce que calomniateur.

Mais si cette action a été réellement commise,

s'il n'y a que médisance, on doit faire des distinctions.

Quand cette action constitue un délit légal, et était d'autre part ignorée, on ne peut guère, semble-t-il, punir l'artiste qui l'a dévoilée au grand jour, alors qu'on décorerait peut-être le magistrat ou le policier qui aurait fait la découverte de ce même délit. On en sera quitte pour punir moins sévèrement le délinquant déjà atteint par la diffamation de l'artiste.

Si le délit était déjà connu et puni à son taux pénal (1), la diffamation constitue par sa publicité un supplément de peine extra-légal ; le diffamateur doit être puni.

Enfin si l'action commise et reprochée, tout en étant honteuse ou immorale, n'est pas un délit punissable par la loi, on doit évidemment punir également le diffamateur qui s'est mêlé, de son autorité privée, d'infliger un châtiment, la diffamation, à quelqu'un qui n'en méritait aucun d'après la loi.

(1) Nous ne considérons pas le cas d'un délit déjà connu et non puni ; ce cas ne doit pas se présenter dans une société normale.

Tout ceci en principe, et sauf, bien entendu, les appréciations d'espèces.

Après les considérations précédentes sur la quantité abusive du sentiment artistique, qui présentent, on l'a vu, une grande symétrie avec les considérations analogues relatives au sentiment religieux, il nous reste à aborder cette même analyse quantitative à un autre point de vue, qui nous amènera au contraire à constater des différences sociologiques entre ces deux formes de la sentimentalité, qui sont la religiosité et l'art.

Ces sentiments, ni l'un ni l'autre, ne *créent* la richesse dans une nation.

Ce n'est pas que le sentiment religieux ne cherche parfois à le faire.

Il a en effet pour conséquence essentielle la prière, qui n'est autre chose que le désir du bonheur ; le bonheur étant souvent confondu avec la richesse, il y a évidemment bien des gens qui, dans leurs prières, demandent à Dieu de gagner le gros lot.

Mais il est permis, même aux plus croyants, de douter de l'efficacité, en fait, de ce genre de prière. Le proverbe dit avec raison : « aide-toi d'abord, le ciel t'aidera », et c'est en réalité par des moyens tous autres que la religiosité qu'on arrive à la création de la richesse.

Mais le sentiment religieux, s'il ne la *crée pas* ne la *présuppose pas* non plus. On peut très bien concevoir un culte fervent rendu à la divinité par une nation extrêmement pauvre.

Il n'en est pas de même du sentiment artistique; s'il ne *crée pas* non plus la richesse, il la *présuppose* dans une certaine mesure.

En disant qu'il ne la crée pas, entendons-nous; il peut bien la créer pour les artistes, mais nous considérons les amateurs, la masse sociale.

Dans un peuple où tout le monde a l'âme ouverte aux impressions de l'art, aime à considérer les beaux paysages, les belles formes, à écouter la belle musique, etc., chacun est porté naturellement à désirer posséder chez lui des reproductions de ces paysages par la peinture, de ces formes par la statuaire, à aller souvent au théâtre, etc.

Tout cela coûte, et comme en plus il faut vivre, les ressources moyennes de chaque individu auront besoin d'être plus considérables que dans un pays où le sentiment artistique sera moins développé.

Si cette richesse plus grande existe, tout va bien, le gouvernement n'a qu'à se croiser les bras.

Mais si elle n'existe pas, ou si elle tend à n'exister plus, le gouvernement a parfaitement le droit de s'en occuper, car ceci confine à la question économique, qui est son domaine incontesté.

En résumé, l'art amuse, mais ne nourrit pas.

Cette infériorité brutale est consacrée, presque partout, par des lois n'accordant à la propriété industrielle qu'une période de droit de quinze ans environs, bien plus courte qu'à la propriété artistique littéraire par exemple.

On admet, et on a raison, que le domaine public a un plus pressant besoin d'utiliser à son profit une invention industrielle, qui est une source de bénéfices pour le pays, que de jouir à bon marché d'une œuvre artistique, qui n'est qu'un délassement réservé ainsi aux plus riches.

Il faut donc beaucoup de riches pour que l'art puisse fleurir dans un pays, et si la richesse baisse, il y a tout de suite pléthore artistique.

Mais, objectera-t-on, la loi de l'offre et de la demande exercera son nivellement, là comme partout. Si la richesse publique baisse, on achètera moins d'œuvres d'art, le nombre des gens qui se destinent à la profession artistique diminuera alors. A son tour le public, voyant moins d'œuvres d'art autour de lui, en deviendra moins épris, et l'équilibre sera ainsi rétabli.

Ceci n'est pas tout à fait exact.

La loi de l'offre et de la demande ne supprime pas entièrement, chez l'individu, la liberté du choix entre ses besoins stricts et ses jouissances et c'est même en cela que cette loi se distingue du système de répartition proportionnelle par lequel les collectivistes veulent la remplacer.

Tout ce que la loi de l'offre et de la demande peut faire, c'est de forcer à restreindre, ou d'autoriser à augmenter, la somme globale des satisfactions de toute espèce qui peuvent être imparties à chaque individu ; mais tous les virements sont permis entre les différents chapitres d'un budget individuel.

Si vous aimez mieux entendre de la belle musique que manger un bon morceau, vous êtes libre de satisfaire vos goûts artistiques de préférence à vos goûts matériels. Et une fois le goût artistique devenu prépondérant, il perd difficilement cette prépondérance, parce que c'est un sentiment idéal et mystérieux, et qu'il est plus difficile de raisonner avec un sentiment idéal dont on ignore les causes, qu'avec un besoin matériel dont on connaît la nature et l'origine.

Ceci est si peu une hypothèse gratuite qu'on voit journellement, dans des régions enrichies par une circonstance quelconque, la population prendre des habitudes de luxe, et les garder, aux dépens même de son nécessaire, si la région s'appauvrit de nouveau, et cela en dépit de la loi de l'offre et de la demande.

Le goût du luxe, créé par la richesse, y survit.

Or le goût du luxe, de ce qui est beau et cher, est, au fond, d'une essence presqu'identique au goût artistique, et l'un se rencontre malaisément sans l'autre.

Et c'est dans cette quasi-identité qu'est le danger ; car le goût du luxe, satisfait, amène forcément, avec l'habitude du bien-être, le développement de l'égoïsme, et l'excès d'égoïsme individuel est incompatible avec l'existence sociale.

Les mesures à prendre pour éviter les dangers du luxe rentrent dans le domaine de l'économie politique et nous n'avons pas à les exposer ici ; nous voulons simplement rappeler l'analogie de cette question avec celle de l'art.

Il faut donc que les gouvernants aient le courage, même si en tant qu'individus ils sont personnellement prévenus en faveur de l'art, de considérer qu'un développement indéfini du sentiment artistique est incompatible avec la grandeur d'un Etat.

S'attacher uniquement à la prépondérance en matière d'art, c'est pour une nation jouer un jeu de dupes dans la lutte pour la vie qui a lieu entre tous les peuples.

La décadence grecque et la décadence byzantine nous en offrent des exemples frappants.

De même aussi la Renaissance, qui fut un

exode, dans l'Europe centrale, des œuvres et des artistes italiens, qui y étaient inconnus jusque-là.

On dit souvent que la Renaissance fut une aurore ; cela dépend pour qui.

Ce fut une aurore pour les pays européens qui s'éveillèrent alors à la vie intellectuelle et nationale ; mais pour l'Italie ce fut un crépuscule.

Les républiques marchandes italiennes du moyen âge avaient, au cours des siècles précédents, fait affluer les richesses dans la péninsule ; le goût du luxe et des arts se développa ; le peuple devint trop fastueux et trop artiste, et, à la suite du dernier éclat jeté par le siècle de Léon X, paya son erreur de quatre siècles d'humiliation, de servitude et de pauvreté, jusqu'à ce qu'enfin l'atténuation de la tare atavique permit de nos jours la résurrection de l'Italie.

Et encore, qu'on ne s'y trompe pas : cette résurrection n'est pas due à l'influence du génie latin, mais bien du génie germanique qui, par suite d'infusion de sang prolongée, prédomine actuellement dans les fortes races de l'Italie du Nord. Le génie latin est bien mort, et son agonie définitive date de cette époque de la Renaissance, qui fut marquée par son développement artistique outrancier.

C'est un mauvais son de cloche en effet quand la pléthore force les artistes à s'expatrier, eux ou leurs œuvres.

On appelle cela faire rayonner au dehors l'art national ; mais ce n'est pas du tout comparable au rayonnement de l'industrie, source générale de profit pour le pays exportateur.

Comme résultat, l'exportation de l'art n'apporte qu'un profit bien minime et bien localisé, et comme cause elle a toujours ce fait que dans le pays exportateur il y a trop d'art pour pas assez de richesses, c'est-à-dire plus de goût de luxe que de moyens de le satisfaire, c'est-à-dire en définitive rupture du sain équilibre social.

Tâchons, en France, de ne pas avoir avant peu à déplorer cette rupture.

Nous avons un art resplendissant, universellement estimé ; n'allons pas plus loin ; tournons nos jeunes générations plutôt vers des voies plus modestes et plus sûres. Il leur restera, par l'atavisme, assez de sentiment artistique, et cela pendant longtemps encore.

Mais le rayonnement artistique, à défaut de profits, donne au moins la gloire, dira-t-on encore.

Hum, hum, elle est parfois mêlée d'ironie. Quand on sait qu'un peuple n'est plus bon qu'à faire de l'art, on est bien près de le traiter par dessous la jambe.

« *Græculus quidam !* un certain petit Grec » disaient avec mépris les Romains, encore à leur période virile et conquérante, quand ils voulaient désigner un de ceux qui venaient leur enseigner l'art et l'éloquence.

Nous avons vu, dans des chapitres précédents les dangers que présente pour notre pays la culture hypertrophique du sentiment de l'amour. Prenons garde également à l'hypertrophie du sentiment artistique, et évitons que, comme les Romains faisaient pour les Grecs et pour le même motif, les autres nations de l'Europe n'arrivent à nous traiter railleusement de *Gallicules.*

TABLE DES MATIERES

LAVAL. — INPR'MERIE L. BARNÉOUD & Cie.

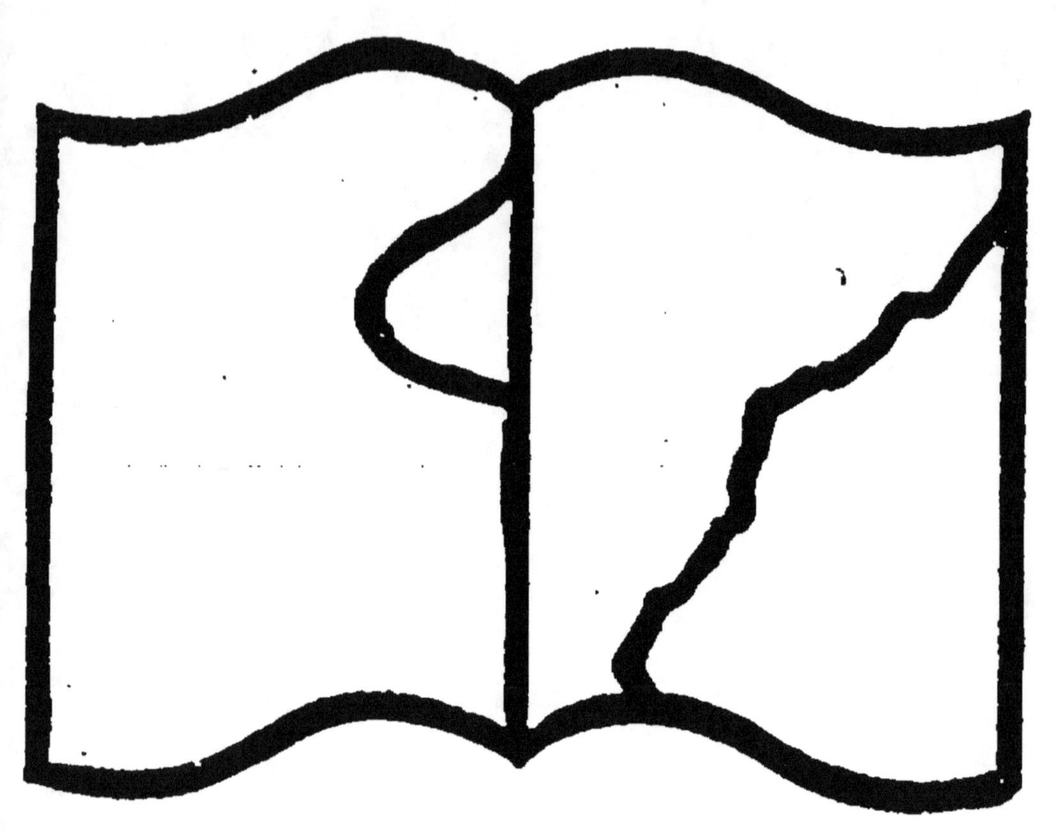

Texte détérioré — reliure défectueuse

NF Z 43-120-11